9,80

Hannelore Blohm

Toast raffiniert

Reizvolle Rezept-Ideen und Küchentips

GU

Gräfe und Unzer

Umschlag-Vorderseite
So viele phantasieanregende Vorschläge für Toasts finden Sie in diesem Buch, daß Sie sicher bald eigene Kreationen erfinden. So wie vielleicht den abgebildeten Toast, der aus Tomaten, Champignons, Schnitzel und Käse besteht.

2. Umschlagseite
Servieren Sie zu Gorgonzola-Birnen-Toast einen pikanten Obstsalat. Das schmeckt vorzüglich. Rezept Seite 51.

3. Umschlagseite
Auch wenn es etwas mehr Mühe macht, für den Spargeltoast überbacken sollten Sie nur frischen Spargel verwenden. Rezept Seite 31.

Die Farbfotos gestalteten Susi und Pete A. Eising, ergänzt durch Aufnahmen des Fotostudios Teubner (Umschlag-Vorderseite, Seite 35, 63, 64 und die 3. Umschlagseite).

CIP-Kurztitelaufnahme der Deutschen Bibliothek
Blohm, Hannelore:
Toast raffiniert: reizvolle Rezept-Ideen u. Küchentips / Hannelore Blohm.
– 8. Aufl. – München: Gräfe und Unzer, 1987.
ISBN 3-7742-1210-4

8. Auflage 1987

Herstellung: Robert Gigler
Zeichnungen: Ingrid Schütz
Umschlaggestaltung: Heinz Kraxenberger
Satz und Druck: Appl, Wemding
Reproduktionen: Brend'amour, Simhart & Co.
Bindung: R. Oldenbourg

ISBN 3-7742-1210-4

Hannelore Blohm
ist seit ihrer Kindheit Köchin aus Begeisterung. Ihre Karriere begann, als sie fünf Jahre alt war. Mit Kuchen backen. Wenn's zunächst auch nur um's Teigrühren ging. Später wurde durch eine gründliche Kochausbildung während der Gymnasialzeit zum einen die Grundlage geschaffen für ihre publizistische Tätigkeit bei Tages- und Zeitschriftenpresse, zum anderen aber der Grundstein gelegt für ihre spätere Arbeit als kulinarische Fachjournalistin.

Als Ressortleiterin des Gebietes Kochen und Haushalt und später Chefredakteurin großer Zeitschriften stand das Schwerpunktthema Essen und Trinken schließlich im Mittelpunkt ihrer Arbeit. Sie war im übrigen auch Chefredakteurin des großen Rezept-Sammelwerkes MENÜ, dessen erfolgreiche Konzeption sie miterarbeitet hat und das sie von A bis Z fachmännisch beeinflußte, redigierte und zu dem sie ungezählte Rezepte lieferte. Inzwischen ist sie Autorin mehrerer Kochbücher, Mitarbeiterin großer Zeitschriften und Spezialistin für die Kulturgeschichte der Back-, Koch- und Eßkunst. Und immer noch Köchin aus Begeisterung.

Im gleichen Verlag sind von ihr die Küchen-Ratgeber »Köstliche Saucen – selbst gemacht« und »Backen nach Großmutters Art« erschienen.

Sie finden in diesem Buch

Ein Wort zuvor

Toast wird in sparsam formulierten Lexika als geröstete Weißbrotschnitte erklärt. Aber auch als Trinkspruch. Ein freundliches Prost darum auf den Toast. Denn Toasts, das steht fest, haben ein großes Lob verdient. Die Bezeichnung Toast soll etwa 300 Jahre alt sein und aus dem England der ehrwürdigen Lords stammen (worauf das englische Wort Toast hinweist). Damals gab man jedem, der einen Trinkspruch ausbringen wollte, ein Stück Brot in den vollen Becher. Und dieses Brot, das sich mit edlem Wein vollgesaugt hatte, mußte zum Abschluß der Zeremonie von jenem gegessen werden, der den Toast ausgebracht hatte. Strafe oder Belohnung? Ich weiß jedenfalls genau, daß mir der Wein mit einem knusprig trockenen Toastbrot als Beilage besser schmecken würde. Immerhin – es ist trotz allem nicht erwiesen, daß Toast und Toastbrot englischen Ursprungs sind. Aber das soll unser Vergnügen am Toast nicht schmälern.

Und ein Vergnügen ist es wahrhaftig. Denn wer Toasts gut, abwechslungsreich und delikat zubereiten kann, findet die Feinschmecker immer auf seiner Seite und ist des Beifalls sicher.

Ich freue mich deshalb sehr, daß Sie, die Sie nun mein Toastbuch in Händen halten, sich entschlossen haben, die Reihe der Toastbäcker zu vergrößern. Sie wissen es sicherlich längst, daß Toasts eine kulinarische Köstlichkeit sein können, richtig zum Verwöhnen Ihrer Familie, Ihrer Freunde und illustren Gäste. Und damit Sie noch mehr Freude auslösen und noch mehr Spaß am Toastvergnügen haben, präsentiere ich Ihnen meine Rezepte: Toastbrot zum Frühstück, überbackene Toasts aus Grill und Backofen, Canapés, die feinen Verwandten der Toastschnitte, Sandwiches vom englischen Lord Sandwich und Smørrebrøds, die dänischen Sandwiches von vollendeter Köstlichkeit. Wetten, daß Sie gleich heute noch ein Rezept ausprobieren werden? Vorausgesetzt, ich habe Sie neugierig gemacht und Sie blättern das Buch jetzt durch. Sehen Sie sich die leckeren, appetitanregenden Farbfotos an, studieren Sie ein bißchen die übersichtlichen Rezepte. Dabei – so hoffe ich – läuft Ihnen das Wasser im Munde zusammen, und Sie können meinen Anregungen nicht widerstehen. Wenn das so ist, dann habe ich mein Ziel erreicht: Sie für meine Toasts zu interessieren.

Sie finden in diesem Toastbuch 113 Rezepte, eins wie das andere in meiner Küche ausprobiert. Eins wie das andere von mir gekostet. Das war angenehm, aber kalorienträchtig. Sie sollten sich da doch ein bißchen zurückhalten, wenn Sie gut bei Figur bleiben wollen.

Toastgelegenheiten gibt's ungezählte. Morgens zum Frühstück, die Überbackenen mal zwischendurch oder mittags als komplettes Essen mit Suppe und Salat, am Nachmittag zum Tee die Süßen, abends die Pikanten, für Gäste die Lukullischen, um Mitternacht die Muntermacher. Ich bin sicher, Ihre Phantasie wird so sehr angeregt, daß Sie mir bald mit Ihren Ideen davonlaufen und Ihre eigenen Toasts erfinden. Denn Toasts erfinden und zubereiten kann zum reinen Hobby werden.

Viel Toastvergnügen

Ihre Hannelore Blohm

Wichtiges auf einen Blick

Toast, das sagte ich schon, heißt nichts anderes, als geröstetes Brot. Und deshalb müßte das Toastbrot richtiger Brot zum Toasten heißen. Aber ich will da nicht kleinlich sein. Jedenfalls ist das Wort Toast englischen Ursprungs. Und die Engländer (und Amerikaner) nehmen denn auch für sich in Anspruch, zu den Nationen zu gehören, die den meisten Toast essen. Aber so schlecht stehen wir auch nicht da. Denn der Toastbrotkonsum steigt hierzulande von Jahr zu Jahr.

1974 wurden pro Haushalt etwa 4,58 kg Toastbrot verbraucht. Eine Steigerung von knapp 1 kg im Vergleich zum Vorjahr. Was allerdings außer dem Spezialtoastbrot noch getoastet wurde, entzieht sich den Erhebungen der Statistiker. Aber das macht auch nichts. Hauptsache: Toast.

Übrigens, in südlichen Ländern, zum Beispiel in Italien, versteht man unter Toast ausschließlich belegte Toastscheiben. Was korrekt ist. Dazu gehören auch die englischen Sandwiches, die dänischen Smørrebrøds und die Canapés aus der internationalen Küche. Die Sie deshalb auch in diesem Buch finden.

Am Anfang steht das Brot

Nehmen Sie Graubrot – in Fladenform, als Ring, als Laib. Nehmen Sie Schwarzbrot in Kastenform. Nehmen Sie Weißbrot, Stangenweißbrot oder – toastbrotähnlich – Kastenweißbrot. Nehmen Sie lockeres Brot aus 55 Prozent Roggenmehl und 45 Prozent Weizenmehl mit einer kräftigen Prise ganzer Roggenkörner. Nehmen Sie Brötchen, Semmeln, Schrippen – in Scheiben geschnitten. Oder anderes Brot Ihrer Wahl. Das alles können Sie im Toaster rösten oder im Ofen – mit leckeren Zutaten belegt – überbacken.

Nur eines müssen Sie beachten: Das Brot darf nie zu dünn geschnitten sein. Sonst wird es beim Überbacken so knusprig, daß Sie es nur schwer beißen können. Das gilt vor allem für die Brotsorten mit den dichteren Krumen und dem höheren Feuchtigkeitsgehalt.

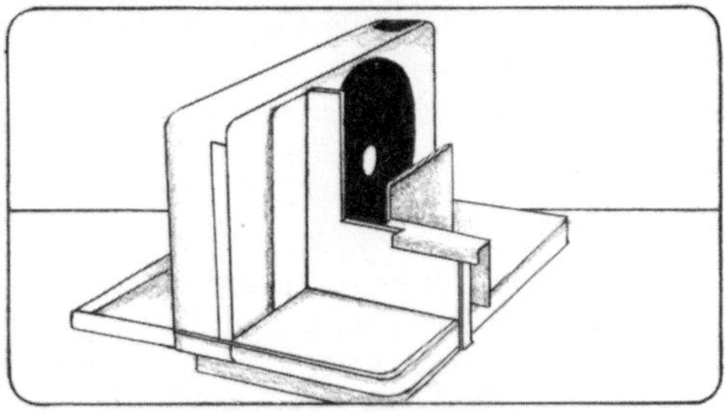

Mit einem modernen Allesschneider können Sie mühelos Brot in jeder Stärke schneiden.

Das heißt in der Praxis: Brot, das Sie toasten oder auch überbacken wollen, sollte die Stärke von einer normal geschnittenen Toastbrotscheibe haben, also etwa 1 cm dick sein. Daher ist es besser, Sie kaufen zum Toasten (außer Toastbrot) kein Schnittbrot, sondern Brotlaibe, damit Sie die Stärke der Scheiben selbst bestimmen können.

Die Toastbrotsorten

Nun gibt es unter den 200 Brot- und Brötchensorten, die man hierzulande kaufen kann, das Brot, das extra zum Toasten und zum Überbacken hergestellt wird. Eben das Toastbrot.

Toastbrot ist ganz einfach weißes Kastenbrot oder Kapselbrot. Man kann es als Laib kaufen. Aber gewöhnlich kommt es in 250-g- und 500-g-Packungen, bereits in Scheiben geschnitten, in den Handel. Die Schnittenstärke liegt – ich sagte es schon – bei etwa 1 cm. Das Gewicht variiert leicht. Es liegt zwischen 20 und 27 g pro Scheibe und durchschnittlich bei gut 23 g. Das bedeutet: Jede Scheibe hat etwa 60 Kalorien oder 250 Joule. Das ist für alle, die auf Ihre Linie achten, interessant zu wissen.

Wohl dem, der keine Figurprobleme hat. Denn für ihn wird das Toastvergnügen vollkommen. Es beginnt bei den meisten schon am Frühstückstisch. Denn in beinahe jedem zweiten Haushalt in der Bundesrepublik kommt morgens Toastbrot auf den Tisch. Elektrische Toaster machen's möglich, daß die Scheiben außen knusprig goldbraun, innen aber zart und elastisch sind. Das liegt allerdings nicht allein an der Funktion des Rösters, sondern wesentlich daran, wie gut und toastgerecht das Brot gebacken ist. Und das steht außer Zweifel: Gut ist fast alles, was Ihnen auf dem Toastbrotmarkt angeboten wird. Geschmacklich gibt es allerdings Unterschiede. Aber die bekommen Sie schnell selbst heraus. Das eine Brot wird mit etwas mehr Fett gebacken, was es haltbarer macht. Das andere mit etwas mehr Zucker, wodurch es beim Rösten knuspriger wird. Der Nährwert ist bei allen fast gleich. 100 g Toastbrot haben im Durchschnitt 8 g Eiweiß, 3–5 g Fett, 45–49 g Kohlenhydrate, 2 mg Vitamin E (wirksam gegen den Alterungsprozeß) und auch Vitamine der B-Gruppe, die Stoffwechselstörungen, Herz- und Kreislaufschäden entgegenwirken. Allerdings würde auch ein erhöhter Toastbrotkonsum nicht ausreichen, um unseren Tagesbedarf an diesen Vitaminen zu decken. Aber das muß ja auch nicht sein. Andere Lebensmittel enthalten genug davon, so daß uns diese Tatsache das Toastvergnügen nicht vermiesen kann. Aber ich möchte Ihnen trotzdem raten, häufig Vollkornbrot zum Frühstückstoast umzuwandeln. Denn das volle Korn enthält einen hohen Anteil der wichtigen Vitamine aus der B-Gruppe.

In mg-Mengen kommen außerdem Natrium vor (bindet das notwendige Wasser im Körper), Kalium (wichtig zur Erhaltung des Drucks in den Körperzellen) und Calcium (das Knochen und Blut gesund erhält).

Ein großes Plus für Toastbrot: Es ist leicht verdaulich, wird auch von magen- und galleempfindlichen Leuten vertragen und ist ein guter Helfer bei Diätkost.

Ein bißchen mehr Gesundheit im Roggentoast

Ob Sie nun Buttertoast oder Normaltoast, englisches Toastbrot oder wie es immer heißen mag kaufen, macht kaum einen Unterschied. (Sie werden vielleicht jetzt schon Ihre bevorzugte Sorte haben.) Anders ist es mit Toastbrot, das einen Anteil an Roggenmehl hat. Es wird verkauft unter der Bezeichnung »Toast mit Roggen« und enthält 30 Prozent Roggen- und 70 Prozent Weizenmehl. Eine kleine Konzession also an unseren Wunsch, gesünder zu essen. Ich ziehe dieses Toastbrot mit Roggen deshalb jedem anderen vor, weil es kräftiger schmeckt. Jetzt geht's auch für Sie ans Ausprobieren, welches Brot Ihnen – außer dem Toastbrot – geeignet erscheint und am besten schmeckt. Natürlich auch zum Überbacken. Ich habe herausgefunden, daß die leichten Land- und Graubrotsorten und die lockeren Schwarzbrote vorzüglich sind, beide auch als Frühstückstoast. Alle eignen sich hervorragend zum Überbacken. Und damit bringen Sie willkommene Abwechslung in die Toasterei.

Auch Rosinenbrot kann man toasten

Im Rheinland ist es beliebt, aber auch in anderen Gegenden bekommt man es, das Rosinenbrot. Getoastet ist dies Weißbrot mit den saftigen Rosinen ein Genuß. Zum Frühstück am Sonntag. Mit Butter vorzüglich. Aber auch als Unterlage für süße überbackene Toasts.

Frisch halten, weil's besser schmeckt

Alle Brotsorten sollten täglich frisch beim Kaufmann ins Regal kommen. Aber geben Sie sich keinen Illusionen hin. Sie kaufen heute auch mal das Brot von vorgestern, weil der Kaufmann seine übriggebliebene Ware nicht ausgetauscht hat. Das bezahlen Sie dann leider gelegentlich mit altbackenem oder gar verschimmeltem Brot. Nur: Sie können kaum etwas dagegen unternehmen. Der Nachweis wird Ihnen schwer fallen, daß Sie altes Brot bekommen haben. Verschimmeltes allerdings wird umgetauscht, wenn die Hälfte des Brotgewichtes noch nicht verbraucht ist.

Bei Toastbrot brauchen Sie im allgemeinen keine Sorge zu haben, denn es hält sich durchschnittlich 10 Tage frisch, manchmal auch länger. Und in ganz seltenen Fällen ist sogar das Haltbarkeitsdatum auf die Verpakkung gedruckt. Die Haltbarkeit wird erreicht durch die stabile Verpackung, die oft aus Folien besteht. Man kann sie leicht wieder schließen, so daß das Brot vor Umwelteinflüssen geschützt wird und frisch bleibt.

Meine eigene Aufbewahrungsmethode: Ich lege Toastbrot in der Verpackung ins Gemüsefach des Kühlschrankes. Da behält es fast immer sein frisches Aroma. Nur die letzte Scheibe ist manchmal von der Kälte ausgetrocknet, das muß ich zugeben. Übrigens: Schnittbrot darf konserviert werden. Und zwar mit Sorbinsäure, einem natürlichen Stoff, der in einigen Früchten vorkommt. Es muß jedoch auf der Packung stehen, wenn Sorbinsäure verwendet worden ist.

Geräte zum Toasten

Toasten ist kinderleicht. Vorausgesetzt, man hat einen elektrischen Toaster zum Rösten fürs Frühstücksbrot. Aber eine einfache Bratpfanne tut es auch.

Die modernen Toaströster mit automatischer Einstellung rösten die Brotscheiben gleichzeitig auf beiden Seiten so braun, wie Sie's gerne möchten und schalten beim erreichten Bräunungsgrad ab (siehe Zeichnung). Sie können die gewünschte Bräune am Wählerknopf einstellen.

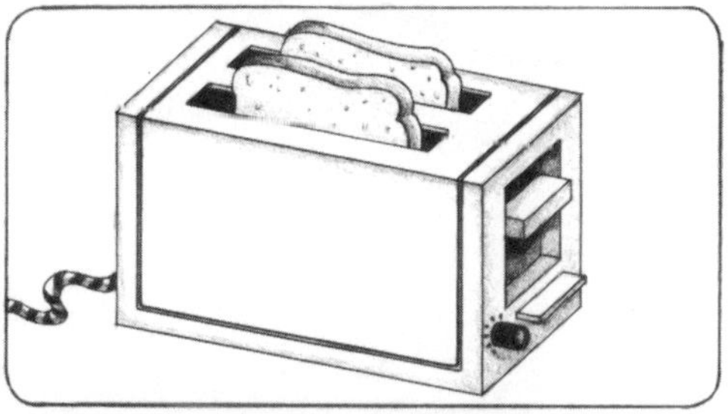

Moderner Toaster, der zwei Brotscheiben im zuvor eingestellten Bräunungsgrad rösten kann.

Die älteren Geräte sind so eingerichtet, daß jede Scheibe auf einer Seite geröstet wird und dann umgedreht werden muß (siehe Zeichnung). Das ist praktisch für alle Rezepte, wo Brotscheiben zum Überbacken nur einseitig geröstet werden sollen. Das können Sie aber auch unterm Grill, im Backofen oder in der Bratpfanne. Mit und ohne Fett.

Goldbraun geröstetes Toastbrot, das man nur mit Butter bestrichen oder zusätzlich belegt zum Frühstück ißt oder als Beilage zu feinen Vorspeisen und Salaten reicht, wird immer in eine frische Stoffserviette eingeschlagen (siehe Zeichnung). (Es sei denn, Sie verzehren es sofort, nachdem es aus dem Toaster gesprungen ist.) Dann zieht die Feuchtigkeit, die durchs Erhitzen (Rösten) abgegeben wird, in die Serviette, und das Brot bleibt knusprig.

Am besten schmeckt Frühstückstoast, wenn er noch eben lauwarm ist. Und mir schmeckt er am besten nur mit Butter – ohne Belag. Dazu gibt's dann ein weichgekochtes Ei. Drei Minuten darf es kochen, nie länger. Dann ist es für mich genau richtig.

Ein Wort noch zum Toasten in der Pfanne: Wenn Sie darin einen Toast backen, tun Sie's zunächst in wenig Fett in der offenen Pfanne. Sobald Sie aber die Käsescheibe draufgelegt haben, schließen Sie für 5 Minuten die Pfanne. Dann schmilzt der Käse gleichmäßig und schmeckt besser.

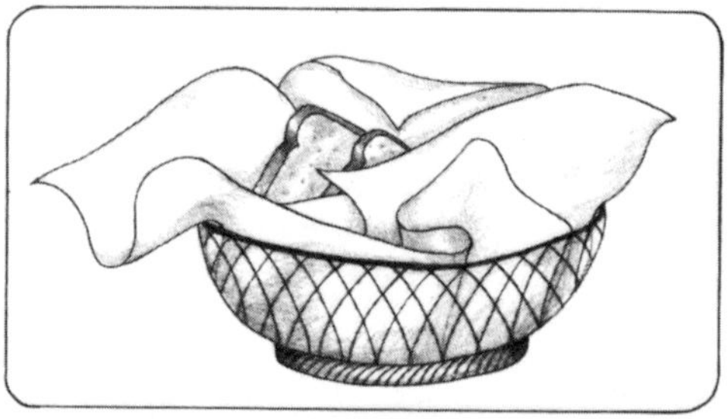

Getoastetes Brot in eine Serviette eingeschlagen servieren. So bleibt es knusprig.

Ideal: Backofen oder Elektrogrill

Vollkommener wird ein überbackener Toast allerdings im Backofen oder im Elektrogrill. Über den Backofen brauche ich Ihnen nicht viel zu sagen. Überbacken wird auf der obersten Leiste bei einer Durchschnittstemperatur von 225 Grad im Elektroherd und Stufe 4 im Gasherd. Gewöhnlich 8 bis 10 Minuten. Dicker belegte Toasts kommen bei gleicher Temperatur auf die mittlere Leiste und werden 15 Minuten überbacken. Genau steht das in jedem Rezept.

Im Backofen übergrillt wird Toast so lange, bis der Käse schmilzt. Das dauert gewöhnlich 5 bis 10 Minuten.

Ähnlich ist es bei den Elektrogrills. Da sind jedoch Unterscheidungen zu machen. Zwar handelt es sich bei allen um Geräte, die am Tisch bedient werden können. Aber es gibt noch den eigentlichen Tischgrill, den Grilltoaster, den Kontaktgrill und den Kontaktgrill als Sandwichgrill.

Tischgrill. Er ist ein Strahlungsgrillgerät. Das heißt: Strahlungshitze, die von elektrisch beheizten Heizstäben ausgestrahlt wird, gart und bräunt die Speisen. (Backofengrills arbeiten auch mit Strahlungshitze). Diese Tischgeräte gibt's in allen möglichen Ausführungen. Zum Beispiel mit verschiedenen Innenausstattungen aus Aluminium, Chrom oder Nickel. Diese Metalle reflektieren die Hitze auf ideale Weise, garen und bräunen die Speisen dadurch schneller. Prima sind Tischgrillgeräte mit Alufolie, oben und an der Rückwand. Foliengrill nennt sie der Fachmann. Ist die Folie verschmutzt, kann man sie herausziehen. Neue Folie wird aus einem Spender im Gerät nachgezogen (siehe Zeichnung). Durch die Folie werden Grill- und Backzeiten oft bis zu 40 Prozent verkürzt. Weitere Extras bei Tischgrills: Sicherheitsautomatik, Ausstattung mit Ober- und Unterhitze, Temperaturregler für Temperaturen von 75 bis 225 Grad und Thermostate, die sich nach der erreichten Backzeit automatisch ausschalten.

Für alle, die nicht gerne spülen oder saubermachen (und das sind sicher nicht wenige) haben sich die Erfinder den selbstreinigenden Tischgrill ausgedacht. Durch Knopfdruck oder automatisch zaubert das Gerät Fett- und Speisenrückstände im Grill weg. Gewöhnlich durch erhöhte Hitze, also durch Verbrennung.

Der Clou: Ein Gerät, das oben zusätzlich eine Kochfläche besitzt, auf der mittelgroße Töpfe Platz haben. Sie können also Ihr Süppchen kochen, während Sie Toasts oder Grilladen zubereiten. Auch dieses Gerät ist selbstreinigend. Und – was das Schönste ist: Ein Spezialaufsatz ermöglicht es Ihnen, zu räuchern! Würstchen oder Fisch, Fleisch oder Geflügel. Ganz wie Sie wollen.

Für die Tischgrills gibt's als Zubehör Bleche oder Grillroste, auf die Sie Toasts legen und überbacken können. Die meisten haben auch verschieden hohe Einschub-

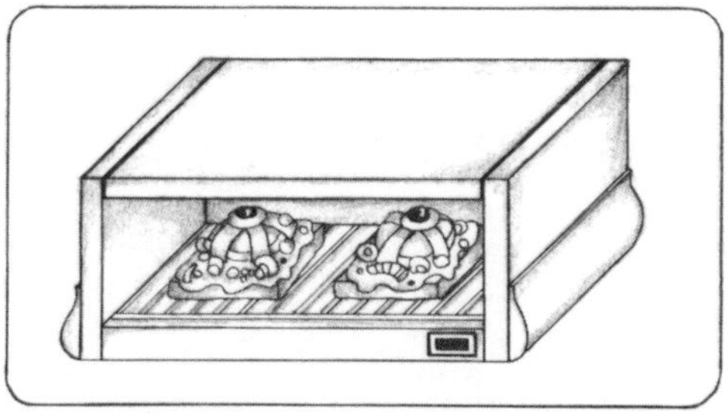

. . . im kleineren Grilltoaster können etwa zwei Brotscheiben geröstet oder überbacken werden; er hat bequem auf dem Eßtisch Platz.

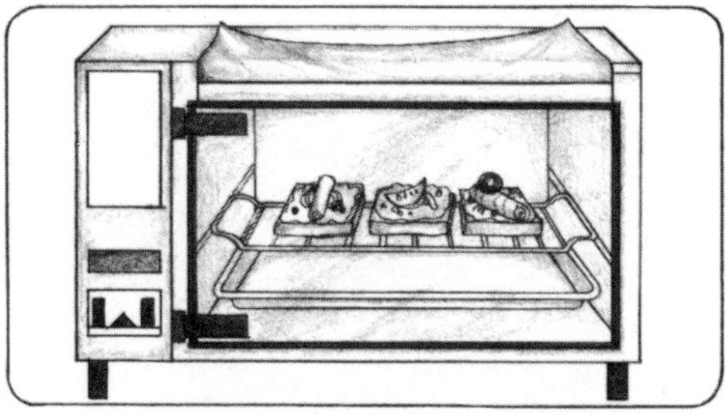

Nur toasten oder Belag erhitzen und bis zu 6 Brotscheiben überbacken kann man im Tischgrill.

leisten, so daß Sie selbst bestimmen können, wie Sie überbacken wollen. Wie die Geräte arbeiten, steht in den Gebrauchsanweisungen. Sie sollten sie aufmerksam lesen.

Daß man auch Tischgrills vorheizen muß, ist selbstverständlich. Allerdings ist die Vorheizzeit geringer als beim Backofen.

Bei Grilltoastern handelt es sich meistens um kleinere Geräte, in denen man Toasts vorzüglich überbacken, aber auch mal ein Stück Fleisch grillen kann. Eines der Supergeräte: Es ist beinahe vollkommen in Teile zerlegbar und daher fabelhaft zu spülen.

Einschubhöhen bei Tischgrillgeräten. Flach belegte Toastbrote kommen auf die oberste Leiste in den vorgeheizten Tischgrill (genau wie im Backofengrill). Sind sie dicker belegt, dann schiebt man sie eine Leiste tiefer ein oder auf die mittlere Leiste.

Kontaktgrillgeräte haben im Prinzip – ähnlich wie ein Waffeleisen – zwei übereinanderliegende (natürlich miteinander verbundene) Kontaktplatten. Der Name sagt es schon: Das Grillgut wird nicht aus der Entfernung bestrahlt wie beim Tischgrill, sondern unmittelbar mit den heißen Flächen in Kontakt gebracht und durch die so übertragene Hitze, hervorgerufen durch Elektrizität, gegart (siehe Zeichnung). Die Heiz-(Kontakt)flächen können aus Aluminium oder Gußeisen sein. Es gibt sie aber auch häufig mit Kunststoff beschichtet. Im Kontaktgrill können Sie toasten und grillen.

Besonders kurze Garzeiten ergeben sich im Kontaktgrill durch die Nähe der Heizflächen. Nach gleichem Prinzip arbeitet auch der Sandwichgrill.

Die Sandwichgrills sind auch Kontaktgrills. Sie sind vornehmlich dazu konstruiert, Doppeldeckern Farbe und Geschmack zu geben. Das heißt: Man belegt eine Toastscheibe, deckt sie mit einer Toastscheibe ab und grillt sie im Sandwichgrill.

Gute Pflege der Geräte

Natürlich hängt für Funktion und Haltbarkeit viel davon ab, ob Sie Toaster oder Grillgerät gewissenhaft pflegen. Das heißt, ob Sie aus dem Toaster häufig genug (bei reichlichem Gebrauch wöchentlich) die Brotkrümel entfernen. Dazu kann man die untere Abdeckplatte, die meist angeschraubt ist, abnehmen. Oft genügt es aber, das Gerät auf den Kopf zu stellen und es kräftig zu schütteln, damit die Krümel rausfallen. Das Grillgerät säubern Sie sicherlich nach jedem Gebrauch. Speziell dann, wenn Speisen übergelaufen und verbrannt sind. Wer ein Foliengerät besitzt, hat's leicht. Der zieht einfach die Folie nach. Und bei selbstreinigenden Geräten gibt's überhaupt keine Probleme. Die tun's ja von selbst.

Für die anderen gilt: Alle beweglichen Teile werden herausgenommen und gespült. Auch das Strahlblech über dem Heizkörper. Grillstäbe und Heizkörper dürfen Sie natürlich nicht waschen oder spülen. Bei Kontaktgeräten die heißen Grillplatten mit der Stahlbürste reinigen. Dann außen feucht abwischen und trocknen lassen.

Das alles trägt zur Langlebigkeit der Geräte bei. Aber machen Sie sich bitte keine Illusionen. Ewig funktionieren sie trotzdem nicht. Fachleute geben Elektro-Kleingeräten im Durchschnitt 5 Jahre Lebensdauer. Die meisten sind dann defekt, und die Reparaturkosten liegen oft so hoch, daß sich nur noch eine Neuanschaffung lohnt.

Bei größeren Geräten wie Tischgrills können Sie mit einer durchschnittlichen Lebensdauer von etwa 8 Jahren rechnen.

Käse zum Überbacken

Probleme gibt's da nicht. Aber einige Dinge sind doch zu beachten.

Ob Sie Schnittkäse wie Chester, Emmentaler, Gouda, Edamer oder Tilsiter verwenden, auch Butterkäse oder die extra fürs Toasten hergestellten Käse-Scheibletten oder Schmelzkäse-Scheiben (beide werden fertig verpackt in verschiedenen Geschmacksrichtungen angeboten), ist eine Frage des persönlichen Geschmacks. In Scheiben – am besten von etwa 25 g – geschnitten, lassen sie sich alle gut überbacken. Aber alt darf der Käse nicht sein. Ist er lange gelagert oder von einer zu hohen Altersstufe, dann zergehen die Scheiben beim Überbacken nicht so sahnig, wie sie sollen. Sie werden ledrig und unansehnlich. Das gilt auch für zu stark gekühlten Käse. Verwenden Sie mittelalten oder jungen Käse. Probieren Sie aus, welcher Ihnen lieber ist. Ich bevorzuge den jungen.

Nehmen Sie aber in keinem Fall Magerkäse. Wegen seiner Fettarmut zerläuft er nicht, schmeckt nach dem Überbacken nicht und wird ebenfalls ledrig. Genau richtig ist Käse, der 45 bis 50 Prozent Fett in der Trockenmasse enthält. Und da dies der Käse ist, der allenthalben am meisten angeboten wird, können Sie beim Einkauf kaum einen Fehlgriff tun. Aber darauf achten sollten Sie trotzdem, bevor eine Panne passiert.

Lecker sind auch Toasts, die mit in Scheiben geschnittenem Camembert, mit gewürztem Doppelrahm-Frischkäse oder dänischem Frischkäse, mit Schmelzkäse, mit Edelpilzkäse wie Gorgonzola, Roquefort oder Danablu oder mit Briekäse überbacken werden. Diese Sorten gibt es zumeist nur in den höheren, also toastgerechten Fettstufen.

Auch wenn er oft zum Überbacken empfohlen wird: Parmesankäse ist nicht ideal dafür. Er ist trocken, zerläuft kaum und wird krustig. Parmesankäse ist aber dann gut, wenn er zusätzlich auf eine Sauce zum Überbacken gestreut wird, vielleicht mit ein paar Butterflöckchen gemischt. Er ist außerdem gut, wenn er auf andere feuchte Unterlagen wie saftiges Obst gestreut wird.

Saucen zum Überbacken

Sie kennen das vom Ragoût fin und überbakkenen Gerichten in Muscheln: Man kann auch Saucen überbacken. Und Toastbrote, die mit Sauce überzogen werden. Sie sind besonders saftig. Voraussetzung ist nur, daß die Sauce eine feste Konsistenz hat, damit sie nicht vom Toastbrot runterläuft. Passiert das trotzdem ein bißchen, ist das allerdings auch noch keine Katastrophe. Wählen Sie unter den folgenden Saucen Ihre Favoritin. Ich finde die mit Käse besonders würzig. Aber auch eine Art Béchamelsauce mit Sahne ist vorzüglich. Hier die Rezepte. Sie reichen jeweils zum Überziehen von 4 Toastscheiben.

Béchamelsauce zum Überbacken

2 gestrichene Eßl. Butter oder Margarine · 3 gestrichene Eßl. Mehl · knapp 1/4 l Milch · 2 Eßl. saure Sahne · 1 Eigelb · Salz · weißer Pfeffer · Zwiebelpulver

- Zubereitungszeit: 20 Minuten

So wird's gemacht: Das Fett in einem Topf erhitzen. Das Mehl darin anschwitzen. • Unter Rühren mit dem Schneebesen die Milch zugießen. 3 Minuten unter Rühren durchkochen. Die saure Sahne hineinmischen. • Das Eigelb in einer Tasse verquirlen. Etwas heiße Sauce hineinrühren. In den Topf geben und unterschlagen. Unter Rühren erhitzen, aber nicht mehr kochen lassen. • Mit Salz, Pfeffer und Zwiebelpulver kräftig abschmecken. • Leicht abgekühlt auf belegte Toasts verteilen und überbacken.

Varianten – Muskat-, Curry- oder Paprikasauce
Die Sauce mit geriebener Muskatnuß, Currypulver oder edelsüßem Paprikapulver abschmecken.

Variante – Kräutersauce
Die Sauce mit 2 Eßlöffeln gehackter Petersilie oder 2 Eßlöffeln feingeschnittenem Schnittlauch oder auch mit einer Kräutermischung zur Kräutersauce aufwerten.

Varianten – Schinken-, Champignon- oder Paprikasauce
Die Sauce mit 2 Eßlöffeln sehr fein gewürfeltem gekochtem Schinken oder mit 2 Eßlöffeln in Blättchen geschnittenen Champignons oder auch mit 2 Eßlöffeln roher, feingehackter Paprikaschote mischen.

Käsecremesauce

2 Eier · 200 g geriebener Käse, jung oder mittelalt, wahlweise Gouda, Gruyère, Tilsiter, Edamer, Butterkäse, Emmentaler oder Schweizer Emmentaler · 1 Teel. scharfer Senf · eventuell Salz · 1 Prise Cayennepfeffer

- Zubereitungszeit: 15 Minuten

So wird's gemacht: Die Eier in einer Schüssel verquirlen. Den geriebenen Käse hineinrühren. Den Senf zugeben. • Wenn nötig, mit Salz abschmecken. Mit dem Cayennepfeffer würzen. Auf die belegten Toastbrote verteilen und überbacken.

Variante – Paprikasauce
Die Käsecremesauce können Sie nach Geschmack auch noch mit edelsüßem Paprikapulver würzen oder es draufstreuen, wenn die Sauce auf den Toastbroten verteilt ist.

Variante – Nußsauce
Es schmeckt auch vorzüglich, wenn Sie in die Sauce 1 gehäuften Eßlöffel geriebene Walnußkerne oder 1 gehäuften Eßlöffel gehackte Haselnußkerne mischen.

Schmelzkäsesauce

1/8 l Milch · 1 gehäufter Teel. Speisestärke · 1 Stück Schmelzkäse (60 g) · 1 Glas (2 cl) Weinbrand

- Zubereitungszeit: 15 Minuten

So wird's gemacht: Die Milch in einem Stieltopf aufkochen. Die Speisestärke mit etwas Wasser verrühren. • Die kochende Milch unter Rühren mit der Speisestärke binden. • Den Schmelzkäse kleinschneiden, in die Sauce geben und so lange rühren, bis er sich aufgelöst hat. • Die Sauce mit Weinbrand abschmecken. (Sollte sie Ihnen noch nicht würzig genug sein, können Sie noch Salz und weißen Pfeffer zugeben.) Die leicht abgekühlte Sauce auf belegte Toastbrote verteilen und diese überbacken.

Variante – Sauce mit Geist
Die Sauce auch mal mit Whisky, Kirschwasser oder Kümmelschnaps abschmecken.

Variante – Käsesauce spezial
Sie können auch Kräuter-, Champignon-, Schnittlauch-, Salami-, Tomaten- oder Schinkenschmelzkäse verwenden. Das sind Käsezubereitungen, die den würzigen Geschmack von Hause aus mitbringen.

Variante – Käsesauce parmesan
Wenn's noch pikanter sein soll, streue ich 2 gehäufte Eßlöffel geriebenen Parmesankäse auf die über den Toast verteilte Sauce und überbacke sie dann. Das ergibt eine leckere Kruste.

Hühnerbouillon-Sherry-Sauce

2 gestrichene Eßl. Butter oder Margarine · 2½ Eßl. Mehl · ¼ l heiße Hühnerbouillon (Würfel oder Extrakt) · wenig Salz und weißer Pfeffer · 2 Eßl. Sherry fino · 100 g Emmentaler Käse

- Zubereitungszeit: 20 Minuten

So wird's gemacht: Die Butter oder die Margarine in einem Stieltopf erhitzen. Das Mehl unter Rühren darin anschwitzen. • Die heiße Hühnerbouillon unter Rühren angießen. Die Sauce 3 Minuten kochen. Leicht salzen und pfeffern. Mit dem Sherry abschmecken. • Den Emmentaler Käse fein würfeln. In die Sauce geben und so lange rühren, bis sich der Käse aufgelöst hat. Leicht abgekühlt auf den belegten Toastbrotscheiben verteilen und sie überbacken.

Variante – Rindfleischsauce
Diese Sauce können Sie auch mal mit einer Fleischbrühe zubereiten. Das macht sie etwas herzhafter.

Vanillesauce für süße Toasts

2 Eßl. Butter · 1 Prise Salz · das Innere von ½ Vanilleschote · 3 gehäufte Eßl. Mehl · ¼ l Milch · 2 gestrichene Eßl. Zucker · 1 Eigelb · 4 Eßl. geschlagene Sahne

- Zubereitungszeit: 20 Minuten

So wird's gemacht: Die Butter mit dem Salz in einem Stieltopf erhitzen. Das Vanillemark zugeben. Das Mehl unter Rühren darin anschwitzen. • Die Milch angießen. Die Masse unter Rühren aufkochen und 3 Minuten kochen lassen. • Den Zucker zugeben. • Das Eigelb in einer Tasse mit etwas heißer Sauce verquirlen und diese Mischung in die Sauce rühren. Erhitzen, aber nicht mehr kochen lassen. • Die Schlagsahne unterziehen. • Die Sauce leicht abkühlen lassen und auf Toastbrote verteilen, die mit süßen Zutaten belegt sind. Überbacken.

Süße Kaffeesauce

2 Eier · 1 Prise Salz · 3 gestrichene Eßl. Zucker · 1 Teel. Pulverkaffee

- Zubereitungszeit: 10 Minuten

So wird's gemacht: Die Eier mit der Prise Salz, dem Zucker und dem Pulverkaffee schaumig rühren. Auf Toastbrote verteilen, die süß belegt sind. Überbacken.

Variante – Kaffee-Rahmsauce
Es schmeckt vorzüglich, wenn Sie zuerst 100 g Doppelrahm-Frischkäse cremig rühren, dann die übrigen Zutaten zugeben, schaumig rühren und diese Masse auf die Toastbrote verteilen.

Vanillepudding-Sauce

1/8 l Milch · 1 Prise Salz · 1/2 Tütchen Vanillepuddingpulver · 1 1/2 Eßl. Zucker · 1 Eiweiß

- Zubereitungszeit: 20 Minuten

So wird's gemacht: Die Milch in einem kleinen Topf mit dem Salz aufkochen. • Das Puddingpulver mit dem Zucker mischen. Mit etwas Wasser anrühren. • Die Milch vom Herd nehmen. Das Puddingpulver einrühren. Nochmal aufkochen. Vom Herd nehmen. • Das Eiweiß steif schlagen, unterheben. • Die Sauce leicht abgekühlt auf süß belegte Toasts verteilen und überbacken.

Variante – Schokoladenpudding-Sauce
Statt Vanillepuddingpulver können Sie auch Schokolade- oder Karamelpuddingpulver verwenden.

Eischaum zum Überbacken

1 Eiweiß · 50 g Zucker

- Zubereitungszeit: 15 Minuten; mit dem Elektroquirl 5 Minuten

So wird's gemacht: Das Eiweiß mit dem Zucker sehr steif schlagen. Auf süße Toasts verteilen. Oder in den Spritzbeutel füllen und in Rosetten oder anderen Mustern auf die Toastscheiben spritzen. Überbacken.

Variante – Schoko-Eischaum
Den Eischnee mit 1 gestrichenen Teelöffel Kakao würzen.

Variante – Eischaum mit Esprit
1 Eßlöffel Kirschwasser, Cognac, Orangenlikör oder – etwas herber – Whisky beim Schneeschlagen in die Eimasse geben.

Quarkcreme zum Überbacken

200 g Sahnequark · 1 Prise Salz · 1 gehäufter Eßl. Speisestärke · 3 Eßl. Zucker 1 Ei

- Zubereitungszeit: 15 Minuten

So wird's gemacht: Den Sahnequark in einer Schüssel mit dem Salz, der Speisestärke und dem Zucker schaumig rühren. • Das Ei in Eigelb und Eiweiß trennen. Das Eigelb in die Quarkmasse rühren. • Das Eiweiß zu festem Schnee schlagen. Unter die Quarkmasse heben. • Die Creme auf Toasts mit süßem Belag verteilen und überbacken.

Variante – Schokoquarkcreme
Daraus können Sie auch eine Schokoquarkcreme zubereiten. Einfach 1 gestrichenen Eßlöffel Kakaopulver in den Quark rühren.

Variante – Fruchtquarkcreme
Sie geben 1 gehäuften Eßlöffel Konfitüre nach Ihrer Wahl zum Quark, lassen dann aber 1 Eßlöffel Zucker weg.

Kleine Toastkunde

Bevor's ans Überbacken geht, ein paar Worte Toasttechnik

Sie müssen natürlich wissen, wie man das Überbacken richtig macht. Oft muß Toastbrot, das überbacken wird, einseitig vorgeröstet werden. Das geht ganz einfach in der Pfanne in heißer Butter. Oder in der beschichteten Pfanne ohne Fett. Man kann es auch im vorgeheizten Backofen bei 225 Grad (Gasherd: Stufe 4) in knapp 3 Minuten erledigen (mit Alufolie belegen!). Doppelseitig rösten Sie natürlich am besten im Toaster.

Man bestreicht die Scheiben mit Butter oder Margarine. Erstens, weil's gut schmeckt, zweitens aber auch, damit feuchter Belag nicht durchweichen kann.

Was Sie immer zum Überbacken in den Backofen oder unter den Grill schieben, sollte bereits gar und noch ein bißchen warm sein. Belag, der zuvor nicht mehr gegart werden muß wie Schinken, Obst, Käse sollte Raumtemperatur haben. Denn in der kurzen Zeit des Überbackens kann zum Beispiel ein reichlich belegter Toast nicht durch und durch erhitzt werden. Daß man gelegentlich rohe Zutaten verwendet, ist die berühmte Ausnahme von der Regel. Um Toasts aber wirklich durch und durch zu erhitzen, kann man sie auch auf dem Backblech auf die mittlere Leiste in den vorgeheizten Ofen schieben und 15 Minuten überbacken. Im Elektroherd bei 225 bis 250 Grad, im Gasherd bei Stufe 4 bis 5.

Eine Faustregel: Getoastet wird immer so lange, bis der Käse zu schmelzen beginnt oder die Sauce beim Überbacken goldgelb ist. Wird beides braun, dann schmeckt's bitter, wird es schwarz, dann müssen Sie diesen Toast leider wegwerfen.

Bitte vergessen Sie nicht, die Teller vorzuwärmen, auf denen Sie den Toast servieren wollen.

Toastbrot pur – und wozu man es reicht

Verlassen wir für einen Augenblick die überbackenen Toasts. Denn Toast pur wird ja schließlich auch verwendet. In der feinen, wie in der häuslichen Küche. Zunächst als willkommener und kalorienärmerer Brötchenersatz zum Frühstück. Da bleibt die getoastete Scheibe allerdings meistens nicht ganz so pur. Man belegt sie nach Wunsch. Den Bräunungsgrad bestimmt übrigens Ihr Geschmack. Manche mögen Brot zartgelb getoastet, andere wieder kräftig braun. Schwarz allerdings mag's keiner. Aber es kann schon mal vorkommen, daß Toastbrot rabenschwarz aus dem Röster springt. Einmal, wenn der Einstellknopf an der Automatik aus Versehen zu hoch gestellt worden ist, zum anderen, wenn das Toastbrot im Röster klemmt. Bei allem Sinn für Sparsamkeit: solche Toasts gehören in den Mülleimer.

Goldbraun getoastetes Brot reicht man zu feinen Vorspeisen, zu Suppen, zu eleganten und einfachen Salaten, zu Ragoût fin und zu allen möglichen Vorspeisen-Leckerbissen. Zum Beispiel auch zum teuren Kaviar. Die Butter wird immer extra dazu serviert.

Toasts können aber auch – in verschiedenen Formen geschnitten – Sockel sein für feines, kurzgebratenes Fleisch – für Medaillons, Filet mignon und für Tournedos. Wenn sie in Butter gebraten sind – außen knusprig, innen weich – nennt man sie küchenfranzösisch Croûtons. Manche sagen, sie heißen auch

Croque monsieur – französischer Schinkentoast – ▷ wird auf dem Backblech oder in der Pfanne zubereitet. Rezept Seite 25

dann Croûtons, wenn sie nur geröstet und nicht in Butter gebraten werden. Man reicht sie zu verschiedenen, international üblichen Gerichten. Unerläßlich sind sie zum Beispiel beim französischen Coq au vin und auch bei den meisten Tournedos. Zum Coq au vin schneidet man sie in Dreiecke, zu den Tournedos der Fleischgröße entsprechend. In diesem Fall rund. Natürlich können Sie auch Steaks auf Toast servieren.

Ein bißchen Vorrat muß schon sein

Passionierte Toastbäckerinnen sollten einen ausreichend großen Vorrat im Haus haben. Für alle Überraschungsfälle. Immer verschiedene Brotsorten. Vielleicht im Gefriergerät? Da könnte auch Fleisch lagern, das man aufs Brot packen möchte. Obst und Gemüse sind sicherlich ohnehin drin. Und vielleicht sogar ein paar Portionen Ragout, das sich ja auch fabelhaft auf Toast überbacken läßt.

Aber auch Konserven sind unentbehrlich. Halten Sie immer eine Dose Wurst, eine Dose gekochten Schinken bereit. Ruhig auch eine Dose Fischzubereitung, zum Beispiel Hering in Tomatensauce, Krabben, Crabmeat. Obst- und Gemüsekonserven und Ragoût fin in der Dose sind Lückenbüßer für alle Fälle, in denen Sie ein gutes Essen schnell auf den Tisch bringen müssen.

Daß Sie Eier im Haus haben, setze ich voraus. Und frische Kräuter kaufen Sie gewiß auch täglich. Nun müssen Sie noch für Käse sorgen, dann ist Ihr Vorrat komplett. Es gibt ihn übrigens auch als Konserve. Es versteht sich von selbst, daß Sie nicht Riesenmengen lagern sollten. Nur immer so viel, daß Sie ein Schock Freunde, der Sie wie ein Termitenschwarm überfällt, nicht aus dem Gleichgewicht bringen kann.

Garnieren macht Toasts noch appetitlicher

Garnieren können Sie Toasts schon vorm Überbacken. Die einfachste Art: Man bestäubt die Mitte mit edelsüßem Paprikapulver, mit Currypulver, grob gemahlenem Pfeffer oder gelegentlich mit getrockneten Kräutern wie Thymian, Oregano oder Majoran. Auch einfach, aber erst nach dem Überbakken: Eine Dillspitze, ein Petersilienblättchen oder auch einen Teelöffel Schnittlauch in die Mitte geben.

Wenn Sie einen stärkeren Farbkontrast erreichen wollen, sehen Kirschen, Pfirsich- oder Mandarinenstückchen, Haselnuß- oder Walnußkerne, aber auch Mandelblättchen hübsch aus. Auch mit einem Stück Tomate oder Gurke oder einem Stückchen Wurst läßt sich eine gute Wirkung erzielen. Hier ist es egal, ob Sie die Garnierung vor oder nach dem Überbacken anbringen.

Außerdem können Sie schon auf den Serviertellern eine Garnierung anlegen. Zum Beispiel Salatblätter, Radieschenrosetten, Tomatenschnitze, Zitronenspiralen, Gurkenfächer, hartgekochte Eischeiben oder Eiviertel. Ebenso frische Salatgurkenscheiben, die leicht mit Salz und Pfeffer gewürzt werden. Man kann die Garnierung auch aus mehreren dieser Zutaten zusammenstellen. Daneben legt man den überbackenen Toast.

◁ Das nebenstehende Bild zeigt – Schritt für Schritt – wie ein Käseschaum-Toast zubereitet wird. Rezept Seite 25.

Doppeltoast = Sandwich

John Mantagu, der vierte Earl of Sandwich (1718–1792), ließ es sich in englischer Gelassenheit angelegen sein, das feine Butterbrot für sich erfinden zu lassen, das man später nach ihm Sandwich nannte. Der leidenschaftliche Kartenspieler mochte sein Spiel nicht einmal zum Essen unterbrechen. Daher bereitete ihm sein Koch das zu, was der Berliner eine Klappstulle nennt. Nur natürlich viel feiner. Auf zartes Weißbrot mit erlesenem Belag kam nochmals eine Scheibe Weißbrot, so daß der spielbesessene Lord mit der einen Hand das Essen zum Mund führen und mit der anderen die Karten halten konnte. Ein gutes Gästeessen – und ein praktisches dazu, wie ich finde. Denn man braucht – außer Tellern, Servietten und der Platte mit Sandwiches – nur seine fünf Finger zum Essen.

Jede Brotsorte eignet sich dazu. In der internationalen Küche werden sehr dünne, entrindete und gebutterte Kastenweißbrotscheiben vorgeschrieben, nach dem Belegen in Drei- oder Rechtecke geschnitten. Füllungen können sein: Wurst, Fleisch, Fisch, Geflügel, Wild, Käse. Je bunter, umso besser.

Im Grunde ist das Sandwich ein belegtes Brot, ebenso wie es die Toasts sind. Darum finden Sie auch Rezepte für Sandwiches in diesem Buch. Inzwischen hat man ja längst herausgefunden, daß überbackene Sandwiches noch besser schmecken. Die Zubereitung geschieht im Sandwichgrill. Zur Not in der Pfanne oder im Backofen. Überbackene Sandwiches ißt man mit Messer und Gabel. Aber das wissen Sie sicher selbst.

Die dänischen Sandwiches namens Smørrebrød

Die Dänen, diese Feinschmecker, sind noch raffinierter vorgegangen. Als die Kunde vom englischen Sandwich zu ihnen drang, haben sie schnell das Beste daraus gemacht, nämlich die zweite Scheibe Brot weggelassen und inzwischen eine wahre Kunst darin entwikkelt, Brot mit leckeren Zutaten zu belegen und es auch noch hübsch zu garnieren und anzurichten. Sie nannten ihre Erfindung Smørrebrød, was nichts anderes heißt als belegtes Brot. Aber was für ein belegtes Brot ist das!

Grundlage ist nicht unbedingt Weiß- oder Toastbrot. Dunkles Brot in höchstens $^1/_2$ cm dicken Scheiben wird bevorzugt. Weißbrot verwendet man in Dänemark meist, wenn es mit Lachs oder Hummer, Krebsfleisch oder Krabben belegt werden soll. Von einer dänischen Kochexpertin habe ich mich in der Smørrebrød-Kunde unterweisen lassen und das Zubereiten von Smørrebrøds gelernt.

Da gibt es feine Unterschiede:
Die einfachen Smørrebrøds zum Frühstück: Sie sind nicht viel anders, als unsere landläufigen, belegten Brote. Nur, in Dänemark werden sie meistens garniert. Und sei es nur mit einem kleinen Dillzweig.
Die normalen Smørrebrøds dagegen kann man schon Gästen anbieten. Belegt werden sie mit Fleisch, Fisch, Geflügel, Wurst, Käse oder Salaten. Und hübsch garniert. Hier mit einer Gurkenspirale, da mit einem Radieschen. Und mit Dill. Denn dieses Kräutchen lieben die Skandinavier über alles.
Die Schnitten sind das, was wir Canapés nennen. Es sind kleine Smørrebrøds. Man bestreicht eine dünne Scheibe Brot mit Butter, viertelt sie und belegt sie dann mit delikaten

Dingen. Diese Schnitten werden Gästen als kleiner Imbiß gereicht. Vier Stück gibt's pro Person. Nicht mehr.

Die Luxus-Smørrebrøds sind die von der ganz feinen Sorte. Weiß- oder Toastbrot wird belegt mit Aal oder Hummer, geräucherten Austern oder Langustenfleisch, Kaviar, Räucherlachs und schließlich noch mit Gänseleber- oder anderen Pasteten.

Wer zum Smørrebrød einlädt (Rezepte finden Sie in meinem Buch) muß wissen, daß man sie in dieser Reihenfolge anbietet: 1. Heringssmørrebrød, 2. Smørrebrød mit verschiedenem Belag wie Wurst, Eier, Salate, Frikadellen, Geflügel. 3. Smørrebrøds mit Käse. Und wer zu Smørrebrøds einlädt muß auch wissen, daß sie ihre Zeit brauchen, bis sie appetitlich auf Platten angerichtet zum Verzehr serviert werden können. Ein Schnellschuß ist das leider nicht.

Die Canapés der feinen Küche

Ohne Canapés wäre ein Toastbuch unvollständig. Darum möchte ich Ihnen hier ein bißchen über diese Vorspeisen aus der internationalen Küche erzählen, die Sie auch Appetithappen nennen können. Sie werden vor einem exzellenten Essen gereicht, oder – auf Silber- oder Glasplatten angerichtet – zum Sektfrühstück und auf dem Kalten Büffet.

Eins steht fest: Diese eleganten belegten Brote in Mini-Größe machen viel Arbeit. Man bestreicht dazu 1 Scheibe Toastbrot, auch Graubrot oder Schwarzbrot oder gar Cocktailnickel, diese Pumpernickel in Talerform, mit Butter oder Buttermischungen. Die Brotscheiben werden geviertelt, halbiert, in Dreiecke geschnitten oder auch vorher rund ausgestochen und dann belegt. Das ist Kleinarbeit, wie Sie sich denken können. Denn grob dürfen auch die Zutaten nicht sein, die ein Canapé zieren sollen. Man rechnet pro Person 4 bis 5 Canapés, also zum Beispiel für 12 bis 15 Gäste 50 bis 75 Stück. Das ergibt etwa 3 Stunden Arbeitszeit. Der Vorteil: Canapés für Empfänge können vorbereitet auf Platten angerichtet und mit Folie überzogen im Kühlschrank aufbewahrt werden.

Wer allerdings einmal mit Canapés Erfolg gehabt hat, wird sie natürlich gerne wieder seinen Gästen servieren. Weil er damit viel Lob für seine Kochkunst einheimsen kann.

Ich biete Ihnen meine Rezepte für jeweils 4 Canapés an, damit Sie eine größere Auswahl haben. Wenn Sie alle Sorten nur einmal zubereiten wollten, müßten Sie einen Korb voll Zutaten kaufen und würden nur den kleinsten Teil davon verbrauchen. Es ist also richtig, wenn Sie sich für einige Canapés entscheiden; vielleicht für 5 Sorten, und diese dann in der Menge zubereiten, die Sie für Ihre Gäste brauchen. Das ist wirtschaftlicher. Übrigens: Rezepte für Buttermischungen liefere ich gleich mit. Auf Seite 56.

Alle meine Toasttips

- Alle Zutaten, die Sie aufs Brot packen wollen (Wurst und Käse zum Beispiel), bitte immer in Brotgröße zuschneiden. Überstehen darf nichts, sonst wird es braun.
- Achten Sie darauf, daß die Brotränder gut und gleichmäßig belegt sind, damit sie beim Überbacken nicht braun werden. Das schmeckt nämlich nicht.

Alle meine Toasttips

- Verwenden Sie immer frischen Käse. Er darf jung oder mittelalt sein. Alter Käse ist nur gerieben mit einem Ei gemischt zu verwenden. Oder zum Überstreuen auf Toasts, die mit Saucen überzogen sind.
- Jedes Toastbrot können Sie einseitig buttern. Immer nach dem Vortoasten. Nur Kaloriensparer verzichten darauf.
- Käse darf nicht bräunen nur goldgelb werden, sonst schmeckt er bitter.
- Toasts, die Sie in der Pfanne zubereiten: Zuerst das Brot einseitig in etwas Fett rösten, umdrehen, belegen, bei geringer Wärme in der geschlossenen Pfanne fertigtoasten.
- Wenn Sie Gäste erwarten, können Sie die Toasts vorbereitet und zugedeckt im Kühlschrank aufbewahren und sie beim Eintreffen der Gäste in den vorgeheizten Ofen schieben. Dann aber auf der mittleren Leiste bakken, damit alle Zutaten heiß werden.
- Jeder Herd reagiert anders. Denn Herde sind nicht genormt. Deshalb stellen die angegebenen Backtemperaturen und -zeiten Mittelwerte dar. Sie können sich beinahe hundertprozentig darauf verlassen. Aber eben nur beinahe. Sicher ist sicher. Sie sollten nach 8 Minuten nachsehen, ob Ihr Toast nicht doch schon gar ist. Oder ihn nach 10 Minuten doch etwas länger im Ofen lassen, wenn er noch zu hell ist.
- Wenn's mal braune Brotkanten beim Überbacken gibt, seien Sie nicht gleich erschreckt. Schneiden Sie sie einfach ab.
- Vorgeheizt wird der Elektro-Backofen am besten, bevor Sie mit der Toastarbeit beginnen. Bei manchen Herden dauert's 10 Minuten, bis sie aufgeheizt sind. In der Zwischenzeit haben Sie die Toasts vorbereitet zum Einschieben. Jedenfalls in vielen Fällen.
- Gasbacköfen normalerweise 5 Minuten vorheizen. Dann haben sie die richtige Hitze.
- Jede gekochte Sauce zum Überbacken zuerst leicht abkühlen lassen. Dann wird sie etwas fester. Sie brauchen aber keine sehr lange Wartezeit. Wenn die Sauce gekocht ist, heizen Sie den Backofen vor. Und wenn dieser aufgeheizt ist, können Sie die Sauce auf den Toasts verteilen und einschieben.
- Mit Sauce überbackene Toasts bitte genauso schnell servieren, wie mit Käse überbackene. In beiden Fällen geht's wie bei Soufflés: Die überbackene, duftig aufgegangene Sauce fällt leicht zusammen, der Käse wird schnell kalt und ledrig.
- Wenn Sie ein Eigelb in die Sauce rühren, sie also legieren, darf sie nicht mehr gekocht werden. Sonst gerinnt das Eigelb.
- Und wenn Sie's besonders lecker machen wollen, streuen Sie auf Saucen geriebenen Käse oder Semmelbrösel und geben Butterflöckchen drauf. Zusätzlich!

Gute Toast-Ideen

Toasts von morgens bis abends. Das ist möglich. Denn man kann sie so abwechslungsreich zubereiten, daß eigentlich nie Langeweile aufkommt. Nur ginge es hier wie bei jedem Genuß: Wenn er alltäglich wird, ist es keiner mehr.

Und ein Genuß sollen die Toasts immer bleiben. Darum habe ich Ihnen Rezepte für alle Gelegenheiten aufgeschrieben.

Sie finden zuerst Anregungen für Frühstückstoasts. Einfache, die man schnell im Griff hat. Im selben Kapitel ist auch an alle gedacht, die gerne gegen elf Uhr eine Zwischenmahlzeit haben, oder an die anderen, die samstags oder sonntags nach langem Schlaf um 12 Uhr mittags einen ausgedehnten Brunch (üppiges Frühstück) genießen wollen. Mit Toasts natürlich.

Ein reich belegter Toast kann aber auch – zum Beispiel mit Salat als Begleiter, mit einer Suppe vorweg oder einem Dessert danach – zum vollständigen Mittagessen werden. Sie finden da viele Möglichkeiten.

Es ist auch an Toasts für Gäste gedacht. Für Überraschungsgäste und solche, die eingeladen sind. Für sie sind die kulinarischen Leckereien, die Ihnen nicht viel Mühe machen, aber großes Lob einbringen. Und schließlich empfehle ich Ihnen süße Toasts. Für die Kaffee- oder Teestunde, als Mahlzeit für die Kinder. Damit sie nicht zuviel Kuchen, diese Dickmacher, verzehren. Denn die süßen Toasts – einer wie der andere lecker – bieten etwas, was Kuchen nicht haben kann: Ein paar Vitamine, Mineralstoffe, Spurenelemente und gesunde Nährstoffe wie Eiweiß. Oft viel Eiweiß, wenn Sie nur an Quark denken. Wer bewußt ißt, wird das begrüßen.

Ein Tip für Junggesellen: Kein anderes Gericht ist so problemlos für eine Person zuzubereiten, wie Toasts.

Viele Rezepte sind preiswert, manche kosten ein bißchen mehr. Aber immer haben Sie den Vorteil, rasch ein vollwertiges Essen auf den Tisch bringen zu können. Mit den folgenden Rezepten und mit Hilfe Ihrer Phantasie. Sie können nämlich auch in den Kühlschrank greifen und den eigenen Vorrat-Toast zubereiten. Ganz ohne Rezept. Nur mit ein bißchen Geschick.

Wichtig! In den Rezepten sind ausschließlich Garzeiten für Elektro- und Gasbacköfen angegeben. Wenn Sie mit Tisch-, Kontakt-, Sandwichgrill oder Grilltoaster arbeiten, entnehmen Sie die Garzeiten bitte jeweils der Gebrauchsanweisung. Denn es ist leider unmöglich, für all die Typen Garzeiten und -temperaturen anzugeben. Dazu gibt's wirklich zu viele.

Alle Rezepte sind, wenn nicht anders vermerkt, für 4 Portionen berechnet! Sie können sie leicht verdoppeln, wenn Ihr Appetit oder der Ihrer Gäste größer ist.

Leckere Toasts zum Frühstück

Zunächst mache ich Ihnen ein paar Vorschläge, wie Sie durch leckere Toasts das erste Frühstück zu einem Muntermacher werden lassen können. Dabei ist – außer der richtigen Einstellung Ihres Toasters – nicht mehr zu beachten, als daß Sie superfrischen Belag verwenden und möglichst viel Abwechslung ins sonst ziemlich stereotype Frühstückseinerlei bringen. Aber das brauche ich Ihnen eigentlich nicht zu sagen, denn Phantasie haben Sie bestimmt. Hier meine Anregungen:

Knusprige Morgentoasts

Buttertoast
Toastbrotscheiben goldgelb rösten. Fast abgekühlt mit frischer Butter bestreichen und mit Salz bestreuen. Dazu ein weichgekochtes Ei servieren.

Quarktoast
Graubrotscheiben toasten. Leicht abgekühlt buttern. Dick mit Quark (die Fettstufe bestimmen Sie bitte selbst) belegen. Darauf Schnittlauchröllchen oder gehackte Petersilie mit etwas Salz verteilen. Oder den Quark mit Orangen-, Erdbeer-, Aprikosen- oder Kirschkonfitüre abdecken.

Schinkentoast
Toastbrotscheiben rösten. Leicht abgekühlt buttern. Jede Scheibe mit rohem oder gekochtem Schinken oder auch mit dem feinen Lachsschinken belegen.

Leberwursttoast
Kastenschwarzbrotscheiben toasten. Leicht abgekühlt mit Butter bestreichen. Mit Landleberwurst, Kalbsleberwurst, Geflügelleberwurst und – an Festtagen – auch mit getrüffelter Leberwurst belegen. Bei den derberen Sorten können Sie einen Klecks Senf und ein paar Zwiebelringe draufgeben. Die Trüffelleberwurst bekommt keine Garnierung.

Spiegeleitoast
Toastbrotscheiben mit Roggen toasten. Leicht abkühlen lassen. Spiegeleier braten, und das gebutterte Toastbrot damit belegen. Spiegeleier mit edelsüßem Paprikapulver bestäuben.

Paprikatoast
Landbrotscheiben toasten und fast abkühlen lassen. Dick mit Butter bestreichen. Mit dünnen rohen Paprikaringen belegen. Salzen und kräftig pfeffern.

Rührei-Speck-Toast
Grahambrotscheiben toasten. Leicht abkühlen lassen. Buttern. Durchwachsenen Speck in der Pfanne ohne Fett knusprig braten. Darauf Rührei braten. Die Brote damit belegen und mit Schnittlauch bestreuen.

Wurst-Gurken-Toast
Graubrotscheiben toasten, leicht abkühlen lassen und buttern. Mit Wurst – Mortadella, Salami oder Bierschinken – belegen. Darauf Cornichons oder andere kleine Gewürzgurken in Scheiben oder Fächern.

Käse-Tomaten-Toast
Toastbrotscheiben rösten. Leicht abkühlen lassen. Buttern. Mit Tilsiter oder anderem Käse belegen. Darauf Tomatenscheiben und Zwiebelringe legen.

Frischkäsetoast
Kastenschwarzbrotscheiben toasten und leicht abkühlen lassen. Mit Doppelrahm-Frischkäse belegen, salzen, pfeffern und mit Kresseblättchen bestreut servieren.

Süßer Quarktoast
Toastbrotscheiben rösten. Leicht abgekühlt mit Butter bestreichen. Magerquark mit Konfitüre nach Ihrer Wahl mischen und auf die Toasts geben.

Apfeltoast
Toastbrotscheiben rösten. Leicht abkühlen lassen. Buttern. Darauf einen Apfel in Scheiben legen, mit gehackten Haselnüssen bestreuen. Etwas Apfelgelee draufgeben.

Alle Rezepte, die jetzt folgen, können Sie natürlich auch zum ersten Frühstück zubereiten. Ganz sicher gibt es viele unter Ihnen, die das auch tun, um der Familie den Morgen schöner und den Tagesanfang ein bißchen leichter zu machen. Aber alle anderen – und das ist mit Sicherheit die Mehrzahl – werden die etwas arbeitsintensiveren Toasts bestimmt lieber zum zweiten Frühstück zubereiten. So um elf oder zum Brunch – dieser amerikanischen Erfindung, wo Frühstück und Mittagessen (*Br*eakfast und L*unch*) gleichzeitig am gemütlichen Mittagstisch zelebriert werden. Da gibt's eine runde Toastauswahl, die es nachzumachen lohnt. An Samstagen oder Sonntagen. Denn wer hat schon in der Woche Zeit zum Brunch?

Camembert-Birnen-Toast

4 Scheiben Graubrot · 2 gestrichene Eßl. Butter oder Margarine · 8 Birnenhälften aus der Dose · 4 Teel. Preiselbeerkompott · 1 runder Camembertkäse (etwa 150 g) · ½ Tütchen Mandelblättchen

- Zubereitungszeit: 20 Minuten

So wird's gemacht: Den Backofen vorheizen, Elektroherd auf 225°, Gasherd auf Stufe 4. • Die Graubrotscheiben aufs Backblech legen, auf die oberste Leiste in den Ofen schieben und 3 Minuten einseitig rösten. Aus dem Ofen nehmen. • Die leicht abgekühlten Brotscheiben auf der gerösteten Seite mit Butter oder Margarine bestreichen. • Die Birnenhälften abtropfen lassen, mit Preiselbeerkompott füllen und je 2 umgekehrt auf die Brotscheiben legen. • Den Käse in Scheiben schneiden und diese schuppenförmig über die Birnen verteilen. • Die Toasts aufs Backblech legen. In den Ofen auf die oberste Leiste schieben. 5 Minuten überbacken. Dann mit den Mandelblättchen bestreuen und noch knapp 5 Minuten weiterbacken.

Mein Tip Mandeln werden beim Backen leicht braun und schmecken dann nicht mehr so gut. Um nicht immer wie ein Luchs darauf aufpassen zu müssen, umlege ich meistens die Birnen mit den Mandelblättchen und schichte den Käse obendrauf.

Käseschaum-Toast

Bild Seite 18

1 gestrichener Eßl. Margarine · 40 g gekochter gewürfelter Schinken · 1 kleine Zwiebel · 2 gestrichene Eßl. Mehl · 1/8 l Fleischbrühe (Würfel) und Milch gemischt · Salz · geriebene Muskatnuß · weißer Pfeffer · 3 Eier · 3 Eßl. Sahne · 4 Eßl. geriebener Edamer Käse · 1 Bund Schnittlauch · 4 Scheiben Toastbrot mit Roggen oder Kastengraubrot · 4 gestrichene Eßl. Butter oder Margarine

- Zubereitungszeit: 25 Minuten

So wird's gemacht: Die Margarine in einem Topf erhitzen. Die Schinkenwürfel und die geschälte gehackte Zwiebel darin anbraten. Unter Rühren das Mehl zugeben und anschwitzen. Dann unter ständigem Rühren mit Fleischbrühe und Milch angießen. Salz, Muskatnuß und Pfeffer zugeben. • Die Eier in Eigelbe und Eiweiße trennen. • Die Eigelbe mit der Sahne und etwas Sauce aus dem Topf verquirlen. Unter Rühren in den Topf geben. Erhitzen, aber nicht kochen lassen, sonst gerinnt das Eigelb. Vom Herd nehmen. • Den Backofen vorheizen, Elektroherd auf 200°, Gasherd auf Stufe 3. • Die Eiweiße steif schlagen und mit dem geriebenen Käse unter die Sauce heben. Eventuell mit Salz abschmecken. • Den Schnittlauch waschen, fein schneiden und unterheben. • Diese Masse auf den mit Butter oder Margarine bestrichenen Brotscheiben verteilen. Aufs Backblech legen und 8–10 Minuten im vorgeheizten Ofen auf der obersten Leiste überbacken, bis die Masse goldbraun ist. • Aus dem Ofen nehmen und sofort servieren. Nach Wunsch auch vorher vierteln.

Mein Tip Zur Abwechslung bereite ich den Käseschaum-Toast mit kräftigem Tilsiter und rohem Schinken zu. Dann gibt's bei mir als Beilage Mixed Pickles, Senf- oder süßsaure Gurken.

Croque Monsieur

Bild Seite 17

3 Eier · 200 g junger geriebener Schweizer Emmentaler Käse oder Gruyèrekäse (den's leider nicht überall gibt) · 1 Teel. Senf · eventuell Salz · 1 Prise schwarzer Pfeffer · 8 Scheiben Toastbrot mit Roggen · 4 gestrichene Eßl. Butter oder Margarine · 4 Scheiben gekochter, magerer Schinken · 4 dicke Tomaten · Petersilie zum Garnieren

- Zubereitungszeit: 25 Minuten

So wird's gemacht: Den Backofen vorheizen, Elektroherd auf 200°, Gasherd auf Stufe 3. • Die Eier mit dem Schneebesen schaumig schlagen. Den Käse unterheben. Mit Senf, nach Wunsch auch mit Salz und mit schwarzem Pfeffer abschmecken. • Die Toastbrotscheiben mit Butter oder Margarine bestreichen. Vier Scheiben mit der Käsemasse belegen, mit dem Schinken bedecken und die anderen vier Brotscheiben darauflegen. Leicht andrücken. Die Oberseite ebenfalls mit Butter bestreichen. • Die Doppeltoasts aufs Backblech legen. • Die Tomaten waschen. Die Stengelansätze herausschneiden. Die Tomaten leicht salzen und eventuell mit einem Butterflöckchen belegen. Auch aufs Backblech setzen. • Das Blech in den vorgeheizten Backofen auf die mittlere Leiste schieben. Toasts und Tomaten knapp 15 Minuten backen. Auf einer Platte anrichten. Mit Petersilie garnieren.

Mein Tip Die Tomaten nicht zu nahe an die Toasts legen; auslaufender Tomatensaft würde die Toastbrote aufweichen. – Ist das Backblech nicht groß genug, die Tomaten auf ein Stück Alufolie legen und deren Ränder etwas hochbiegen.

Rührei mit Aal auf Toast

Für das Rührei:
4 Eier · 3 Eßl. Milch · Salz · weißer Pfeffer · 1 gehäufter Eßl. Butter oder Margarine
Außerdem:
4 Scheiben Vollkornbrot (knapp 1 cm dick) · 300 g geräucherter Aal in 8 Filets · 4 Dillspitzen

- Zubereitungszeit: 20 Minuten

So wird's gemacht: Die Eier mit der Milch in einer Schüssel verquirlen. Mit Salz und Pfeffer abschmecken. • Die Butter oder die Margarine in einer ausreichend großen Pfanne erhitzen. Die Eimasse hineingießen und bei schwacher Hitze stocken lassen. Dabei nicht rühren, sondern die bereits gestockte Masse immer wieder zur Mitte hinschieben, so daß sich grobe Schollen bilden. • Inzwischen das Vollkornbrot im Toaster rösten. • Das Rührei aufs Vollkornbrot verteilen. Jeweils zwei Aalfilets über Kreuz drauflegen. Mit Dillspitzen garniert heiß servieren.

Variante – Rührei mit Krabben auf Toast
Aal gehört zu den fettreichsten Fischen und ist auch nicht jedermanns Sache. Ich bereite daher zuweilen Rührei auf Toast und belege es mit geräuchertem Rotbarsch oder auch mit in Butter leicht erhitzten Krabben.

Mein Tip Ich bin mir bewußt, daß meine Art, Rührei zuzubereiten, nicht die klassische ist. Richtig ist es, die Eimasse zu rühren, während sie brät. Aber ich habe herausgefunden, daß Rührei sahniger und lockerer wird, wenn man die gestockte Eimasse nach und nach schollenförmig zur Mitte hinschiebt. Krümelig, wie »richtiges«, schmeckt mir Rührei nicht.

Heilbutt-Toast

Für die Sauce:
1 gestrichener Eßl. Butter oder Margarine · 2 gestrichene Eßl. Mehl · 1/8 l Milch · 8 Eßl. saure Sahne · 2 Eigelbe · Salz · weißer Pfeffer · 1 Eßl. gehackter Dill
Außerdem:
4 Scheiben Bauernbrot · 2 gestrichene Eßl. Butter oder Margarine · 400 g geräucherter Heilbutt

- Zubereitungszeit: 30 Minuten

So wird's gemacht: Für die Sauce die Butter oder die Margarine in einem Topf erhitzen. Das Mehl darin anschwitzen. Die Milch unter Rühren zugießen. Die Mischung aufkochen und die saure Sahne mit dem Schneebesen unterschlagen. • Die Eigelbe in einer Tasse verquirlen. Etwas heiße Sauce hineinrühren. Diese Mischung in den Topf rühren. Nicht mehr kochen lassen. • Mit Salz und Pfeffer abschmecken. Den gehackten Dill unterheben. Die Sauce leicht abkühlen lassen. • Den Backofen vorheizen, Elektroherd auf 200°, Gasherd auf Stufe 3. • Die Brotscheiben auf dem Backblech im Ofen (oberste Leiste) 3 Minuten auf einer Seite rösten. Die geröstete Seite mit Butter oder Margarine bestreichen. • Den Heilbutt häuten, das Fleisch von den Gräten lösen. In Stücken auf die Brote verteilen. Den Fisch mit der Sauce überziehen. • Die Toasts aufs Backblech legen. Das Backblech in den vorgeheizten Ofen auf die oberste Leiste schieben. Die Toasts 15 Minuten überbacken, dann sofort servieren.

Mein Tip Nicht immer ist Heilbutt am Markt, und außerdem ist Heilbutt nicht eben der preiswerteste Räucherfisch. Sie können genausogut geräucherten Rotbarsch oder auch mal Makrele verwenden.

Bitte denken Sie daran, daß Räucherfisch nicht so haltbar ist wie zum Beispiel Räucherwurst oder gar Schinken. Ich hab's mir zum Prinzip gemacht: Räucherfisch wird morgens gekauft, im Kühlschrank, gleich unterm Eisfach gelagert und spätestens am Abend verzehrt.

Champignontoast

1 Dose Champignonköpfe (230 g) · 4 gestrichene Eßl. Butter oder Margarine · 8 Eßl. saure Sahne · 2 gestrichene Eßl. Mehl · Salz · weißer Pfeffer · 2 Eier · 4 gehäufte Eßl. geriebener Emmentaler Käse · 1/2 Bund Petersilie · 4 Scheiben Toastbrot mit Roggen

- Zubereitungszeit: 25 Minuten

So wird's gemacht: Die Champignonköpfe im eigenen Saft in einem Topf erhitzen. Etwas Saft abgießen, so daß noch eben der Boden des Topfes bedeckt ist. 2 Eßlöffel Butter oder Margarine darin zergehen lassen. • Die Sahne mit dem Mehl verquirlen und in die Champignons rühren. Einmal kurz aufkochen lassen. Mit Salz und Pfeffer abschmekken. • Die Eier mit dem Käse mischen und in die Champignons rühren. • Die Petersilie waschen, hacken und unter die Champignonsauce heben. Leicht abkühlen lassen. • Den Backofen vorheizen, Elektroherd auf 200°, Gasherd auf Stufe 3. • Die Toastbrotscheiben auf dem Backblech in den vorgeheizten Ofen auf die oberste Leiste schieben. 3 Minuten einseitig rösten. • Die Champignons in der Sauce auf die Toastscheiben häufen. Das Blech wieder in den Ofen auf die oberste Leiste schieben und die Toasts 12–15 Minuten darin überbacken.

Mein Tip Diesen köstlichen Champignontoast reiche ich manchmal, wenn mal wieder Gäste am Tisch sitzen, zu zarten Filetsteaks und Salat. Ein Essen, für das Sie bestimmt genauso gelobt werden, wie ich.

Kräuterbutter-Toast

4 Scheiben Graubrot · 40 g Kräuterbutter (Fertigprodukt) · 4 Scheiben Corned beef · 100 g Kräuterschmelzkäse

- Zubereitungszeit: 15 Minuten

So wird's gemacht: Den Backofen vorheizen, Elektroherd auf 225°, Gasherd auf Stufe 4. • Die Brotscheiben mit der Kräuterbutter bestreichen und mit den Cornedbeefscheiben belegen. Den Kräuterschmelzkäse in kleine Würfel schneiden. Auf die Cornedbeefscheiben verteilen. • Die Toasts aufs Backblech legen. Das Backblech in den vorgeheizten Ofen auf die oberste Leiste schieben. Die Toasts darin 8 Minuten überbacken.

Mein Tip Anstelle von Kräuterschmelzkäse nehme ich zuweilen auch anderen Schmelzkäse. Sehr gut eignen sich auch Schmelzkäsezubereitungen mit Salami oder Krabben.

Leberkäsetoast

4 Scheiben Leberkäse, je 1 cm dick · 2 gestrichene Eßl. Margarine · 1 große Zwiebel · 4 Scheiben Kastenschwarzbrot, je 1 cm dick · 2 gestrichene Eßl. Butter · 4 Teel. süßer Senf · 4 dicke Scheiben Emmentaler oder Edamer Käse · Tomaten und Petersilie zum Garnieren

- Zubereitungszeit: 20 Minuten

So wird's gemacht: Die Leberkäsescheiben in der erhitzten Margarine in einer Pfanne auf beiden Seiten anbraten. Aus der Pfanne nehmen. • Die Zwiebel schälen, in Scheiben schneiden und in Ringe teilen. Die Zwiebelringe im Bratfett goldgelb werden lassen. • Den Backofen vorheizen, Elektroherd auf 200°, Gasherd auf Stufe 3. • Die Schwarzbrotscheiben mit der Butter und dann mit dem Senf bestreichen. Darauf die leicht abgekühlten Leberkäsescheiben und die Zwiebelringe legen. Mit dem Emmentaler Käse oder dem Edamer Käse abdecken. • Die Brote aufs Backblech legen. Das Backblech auf die oberste Leiste in den vorgeheizten Ofen schieben. Die Toasts knapp 10 Minuten überbacken. • Die Toasts auf einer Platte anrichten. Mit Tomatenachteln und Petersiliensträußchen garnieren.

Strammer-Frühstücks-Max

4 Scheiben Grahambrot · 2 gestrichene Eßl. Butter oder Margarine · 4 Eßl. feingeschnittener Schnittlauch · 4 Scheiben Geheimratskäse zu je 50 g · 8 Scheiben geräucherter durchwachsener Speck · 4 Eier · Salz · weißer Pfeffer · Schnittlauch zum Garnieren

- Zubereitungszeit: 15 Minuten

So wird's gemacht: Den Backofen vorheizen, Elektroherd auf 225°, Gasherd auf Stufe 4. • Die Grahambrotscheiben einseitig toasten. Die getoasteten Seiten mit der Butter oder der Margarine bestreichen. Mit je 1 Eßlöffel

Schnittlauch belegen und darauf die Käsescheiben geben. • Die Toasts aufs Backblech legen. Das Backblech in den Backofen auf die oberste Leiste schieben. Die Toasts 6–8 Minuten überbacken. • In der Zwischenzeit die Speckscheiben in der trockenen Pfanne ausbraten. Zur Seite schieben. Die Eier in die Pfanne schlagen und im Speckfett zu Spiegeleiern braten. Das Eiweiß salzen, den Speck pfeffern. • Die Toasts auf vorgewärmten Tellern anrichten, daneben je 1 Spiegelei mit 2 Scheiben Speck. Oder die Spiegeleier und den gebratenen Speck auf den Käsetoasts anrichten. • Mit Schnittlauch garnieren.

Mein Tip Dieser Toast ist ein rechter Muntermacher. Er bringt Energie und sättigt durch reichen Eiweißanteil und relativ viel Fett. Der Frühstücks-Max ist für alle gedacht, die einen anstrengenden Arbeitsmorgen vor sich haben, den sie nicht durch einen Imbiß unterbrechen können.

Sellerie-Käsecreme-Toast

1 Dose Knollensellerie (275 g) · 50 g Edelpilzkäse (Gorgonzola, Roquefort oder Danablu) · 1 kleine Zwiebel · 4 gestrichene Eßl. Butter · 100 g dänischer Doppelrahm-Frischkäse · weißer Pfeffer · Knoblauchpulver · 4 Scheiben Toastbrot mit Roggen · 1 Tomate · etwas Petersilie

- Zubereitungszeit: 15 Minuten

So wird's gemacht: Die Sellerieknolle abtropfen lassen und 4 gleichmäßige Scheiben daraus schneiden. • Den Edelpilzkäse mit der geschälten, gewürfelten Zwiebel in einer Schüssel verkneten. 2 Eßlöffel Butter und den Frischkäse hineinmischen. Sahnig rühren. Mit Pfeffer und Knoblauchpulver abschmecken. Eventuell nach Geschmack salzen. • Die Toastbrotscheiben im Toaster goldgelb rösten. Leicht abkühlen lassen. Mit der restlichen Butter bestreichen und mit den Selleriescheiben belegen. • Die Käsecreme in einen Spritzbeutel füllen und hübsch auf die Selleriescheiben spritzen. • Die Tomate überbrühen, abziehen, achteln und entkernen. Dann würfeln. Die Tomatenwürfel und die Petersilie als Sträußchen an die Käsecreme anlegen. Die Toasts auf einer Platte servieren.

Mein Tip Eine andere Art, den Sellerie-Käsecreme-Toast zuzubereiten: Ich erhitze die Selleriescheiben in 1 Eßlöffel Butter, lege sie auf einseitig geröstetes Brot und verteile darauf die mit den Tomatenwürfeln gemischte Käsecreme. Diese Toasts werden im vorgeheizten Backofen (Elektroherd 200°; Gasherd Stufe 3) 10 Minuten auf der obersten Leiste überbacken. Ich garniere sie mit Petersilie und Tomatenachteln.

Specktoast

4 Scheiben Graubrot · 4 gestrichene Eßl. Butter oder Margarine · 100 g grob geraspelter Goudakäse · 4 Eier · Salz · 8 Streifen Bacon oder durchwachsener Speck etwas Petersilie

- Zubereitungszeit: 15 Minuten

So wird's gemacht: Den Backofen vorheizen, Elektroherd auf 225°, Gasherd auf Stufe 4. • Die Graubrotscheiben einseitig mit 2 Eßlöffeln Butter oder Margarine bestreichen. Mit dem grob geraspelten Käse bestreuen und aufs Backblech legen. • Das Backblech in den vorgeheizten Ofen auf die oberste Leiste schieben. 10 Minuten backen, bis der Käse zerlaufen ist. • Inzwischen das restliche Fett in einer Pfanne erhitzen. Die Eier hineinschlagen, salzen und zu Spiegeleiern braten. • Den Bacon oder den durchwachsenen Speck in einer trockenen Pfanne knusprig braten. • Die Toasts aus dem Ofen nehmen. Auf vorgewärmten Tellern anrichten. Mit je einem Spiegelei und 2 Scheiben Bacon oder Speck belegen. Mit etwas Petersilie garnieren.

Das paßt dazu: Brechbohnen, in Butter geschwenkt. Darauf gehackte Petersilie.

Orangen-Kalbfleisch-Toast

4 kleine Orangen · 4 Scheiben Toastbrot mit Roggen · 2 Eßl. Butter · 4 Teel. scharfer Senf · 2 Eßl. Mayonnaise (50% Fett) · 4 dünne Scheiben Kalbsbraten · 4 Scheiben saftiger gekochter Schinken · Salz · 1 kleines Glas Tomatenpaprika · 150 g geriebener Schweizer Emmentaler Käse oder holländischer Goudakäse

- Zubereitungszeit: 25 Minuten

So wird's gemacht: Die Orangen wie einen Apfel schälen. Auch die weiße Haut abschneiden. Aus jeder Orange vier gleichmäßige, nicht zu dünne Scheiben schneiden. • Den Backofen vorheizen, Elektroherd auf 225°, Gasherd auf Stufe 4. • Die Brotscheiben zuerst mit der Butter, dann mit dem Senf und dann mit der Mayonnaise bestreichen. • Darauf die Kalbsbratenscheiben legen und dann den gekochten Schinken. • Jeden Toast mit vier Orangenscheiben belegen. Ganz leicht salzen. Darauf die abgetropften, in Streifen geschnittenen Tomatenpaprika anrichten. Mit dem geriebenen Käse bestreuen. • Die Brote auf dem Backblech in den vorgeheizten Ofen auf die mittlere Leiste schieben. 15 Minuten überbacken. • Auf vorgewärmten Tellern anrichten.

Das paßt dazu: Ein pikant zubereiteter Salat aus frischen, in Streifen geschnittenen Paprikaschoten, vermischt mit 1 Orange in Würfeln und ein paar Champignons aus der Dose. Die Marinade: Aus fettarmer Mayonnaise mit Salz, Pfeffer und Zucker gewürzt, verrührt mit Joghurt und mit etwas Cumberlandsauce (Fertigprodukt) abgerundet.

Mein Tip Lassen Sie niemals die weiße Innenhaut an den Orangen. Wenn Sie Filets haben wollen, schneiden Sie diese an den Trennhäuten entlang mit dem Messer heraus.

Toast Hawaii

4 Scheiben Toastbrot · 2 gestrichene Eßl. Butter oder Margarine · 4 Scheiben (125 g) gekochter Schinken · 4 Scheiben Ananas aus der Dose · 2 Eßl. gehackte Mandeln · 2 Eßl. Mangosauce (Fertigprodukt) · 4 dicke Scheiben Edamer Käse oder Chesterkäse

- Zubereitungszeit: 15 Minuten

So wird's gemacht: Den Backofen vorheizen, Elektroherd auf 225°, Gasherd auf Stufe 4. • Das Toastbrot im Toaster rösten, leicht abkühlen lassen und mit der Butter oder der Margarine bestreichen. • Zuerst mit dem gekochten Schinken, dann mit den abgetropften Ananasscheiben belegen. • Die gehackten Mandeln mit der Mangosauce mischen. Über den Ananasscheiben verteilen. Dann die Käsescheiben drauflegen. • Die Toasts aufs Backblech legen. Das Blech in den vorgeheizten Ofen auf die oberste Leiste schieben. Die Toasts etwa 10 Minuten überbacken.

Das paßt dazu: Bier oder Wein und vorweg ein gemischter Salat.

Mein Tip Schade, daß es bei uns so selten den zartschmelzenden Mozzarellakäse aus Italien gibt. Er ist dem Frischkäse ähnlich, aber unvergleichlich sahniger. Meiner Meinung nach ist er der Käse mit den besten Eigenschaften zum Überbacken. Er zerläuft sahnig, schmeckt äußerst zart, zieht keine Fäden und harmoniert durch sein zurückhaltendes Aroma mit allen Wurst-, Fisch- und Fleischsorten. Auch mit Gemüse und Obst.

Spargeltoast überbacken

Bild 3. Umschlagseite

500 g Spargel · 3 l Salzwasser · 1 Prise Zucker · 50 g Butter · 4 Scheiben Toastbrot · 4 Scheiben gekochter Schinken (100 g) · 4 Scheiben Tilsiter (100 g) · ½ Bund Schnittlauch

- Zubereitungszeit: 45 Minuten

So wird's gemacht: Den Spargel großzügig schälen, die holzigen Enden abschneiden. • Das Salzwasser mit dem Zucker und 10 g Butter zum Kochen bringen. • Den Spargel bündeln und in das kochende Salzwasser legen, mit einem Teller beschweren und bei schwacher Hitze in 15–20 Minuten garen. Den Spargel aus dem Sud nehmen, gut abtropfen und erkalten lassen. • Den Backofen auf 230° vorheizen. • Die Toastscheiben hellgelb rösten und mit der restlichen Butter bestreichen und die Schinkenscheiben drauflegen. • Den Spargel auf Toastlänge kürzen, auf die Schinkenscheiben legen und auf diese die Käsescheiben. Die Toasts auf ein Backblech legen und im Backofen überbacken, bis der Käse schmilzt. • Den Schnittlauch waschen, trockenschleudern, in Röllchen schneiden und die fertigen Toasts damit bestreuen.

Lebercremetoast

4 Scheiben Rinderleber zu je 125 g · 2 Eßl. Mehl zum Wenden · 1 Zwiebel · 3 Eßl. Öl · Salz · weißer Pfeffer · 1 Bund Petersilie · 1 Ei · 5 Eßl. Sahne · 1 Prise getrockneter Majoran · 2 Eßl. trockener Sherry · 4 Scheiben Weißbrot (gut 1 cm dick) · 1 Ecke Kräuterschmelzkäse (62,5 g) · Petersilie zum Garnieren

- Zubereitungszeit: 45 Minuten

So wird's gemacht: Die Leber mit Haushaltspapier trockentupfen. Jede Scheibe in Mehl wenden. • Die Zwiebel schälen und in Ringe schneiden. • Das Öl in einer Pfanne erhitzen. Die Leberscheiben darin auf jeder Seite anbraten. Die Zwiebelringe dazugeben. Die Leber auf jeder Seite noch 3 Minuten braten. Aus der Pfanne nehmen. Salzen und pfeffern. • Die Leber, die Zwiebelringe und die gewaschene Petersilie durch den Fleischwolf drehen. • Den Backofen vorheizen, Elektroherd auf 200°, Gasherd auf Stufe 3. • Die Masse in einer Schüssel mit dem Ei und der Sahne mischen. Mit zerriebenem Majoran und Sherry abschmecken. • Das Weißbrot auf dem Backblech im vorgeheizten Ofen (oberste Leiste) 3 Minuten rösten. Aus dem Ofen nehmen. • Die Lebercreme darauf verteilen. Den Kräuterschmelzkäse in Scheiben schneiden und diese auf die Mitte legen. • Das Backblech wieder in den vorgeheizten Ofen schieben. Die Toasts 15 Minuten überbacken. • Mit Petersilie garniert servieren.

Das paßt dazu: Kopfsalat in Sahnemarinade oder Maiskörner, in 2 Eßlöffel Butter erhitzt.

Mein Tip Leber muß immer durchgebraten sein, damit sie schmeckt. Aber sie darf nie zu lange und bei zu großer Hitze gebraten werden. Sonst wird sie trocken. Ich rechne für Kalbsleberscheiben von 125 g nach dem Anbraten noch 3, höchstens 4 Minuten Bratzeit pro Seite, für Rinderleber gleichen Gewichts 4–5 Minuten.

Paprika-Kasseler-Toast

2 kleine Zwiebeln · 1 rote oder grüne Paprikaschote · 1 Eßl. Öl · Salz · schwarzer Pfeffer · 1 Prise Cayennepfeffer · 4 Scheiben Toastbrot · 2 gestrichene Eßl. Butter oder Margarine · 8 dünne Scheiben gekochtes Kasseler (200 g) · 150 g geraspelter Tilsiter Käse · 4 Scheiben Tomate und etwas Kresse zum Garnieren

- Zubereitungszeit: 20 Minuten

So wird's gemacht: Die Zwiebeln schälen und fein hacken. Die Paprikaschote vierteln, putzen, waschen und in Streifen schneiden. • Den Backofen vorheizen, Elektroherd auf 225°, Gasherd auf Stufe 4. • Die Zwiebelwürfel und die Paprikastreifen in erhitztem Öl in einer Pfanne 5 Minuten durchbraten. Mit Salz, Pfeffer und Cayennepfeffer abschmekken. Leicht abkühlen lassen. • Das Toastbrot im Toaster rösten und mit der Butter oder der Margarine bestreichen. Darauf die Kasselerscheiben verteilen, dann das Gemüse.

Mit dem geraspelten Käse bestreuen. • Die Toasts aufs Backblech legen. Das Backblech in den vorgeheizten Ofen auf die oberste Leiste schieben. Die Toasts darin 8–10 Minuten überbacken. • Dann auf vorgewärmten Tellern anrichten. Mit je einer Tomatenscheibe und einem Tuff Kresse garnieren.

Das paßt dazu: Mixed Pickles oder süßsaure Gurken.

Mein Tip Geraspelten Käse können Sie selten kaufen. Das macht aber nichts. Denn es ist kein Problem, Käse auf der Rohkostreibe zu raspeln. Am besten geht das, wenn er aus dem Kühlschrank kommt und relativ hart ist.

Paprika-Käse-Toast

Je 1 kleine grüne und rote Paprikaschote · 4 Scheiben Weißbrot (etwa 1 cm dick) · 2 gestrichene Eßl. Butter oder Margarine · 4 dicke Scheiben Goudakäse · Mayonnaise aus der Tube · edelsüßes Paprikapulver

- Zubereitungszeit: 10 Minuten

So wird's gemacht: Die Paprikaschoten aushöhlen, waschen, abtrocknen und in sehr zarte Ringe schneiden. • Die Brotscheiben goldbraun im Toaster rösten und leicht abkühlen lassen. Dann mit Butter oder Margarine bestreichen und mit dem Käse belegen. • Die Paprikaringe auf dem Käse verteilen. • Jedes Toastbrot mit einer Rosette aus Mayonnaise garnieren, mit edelsüßem Paprikapulver bestäuben und servieren.

Mein Tip Wenn es nicht ganz so schnell gehen muß, bereite ich einen überbackenen Käsetoast zu: Die einseitig vorgerösteten Weißbrotscheiben mit Butter oder Margarine bestreichen, reichlich mit Paprikaringen belegen, leicht salzen. Darauf die Käsescheiben packen. Mit Paprikapulver bestäuben und im Ofen bei 225° (Gas Stufe 4) 8 Minuten überbacken. Sofort heiß servieren. Schmeckt vorzüglich.

Schweizer Salamitoast

4 Scheiben Graubrot · 2 gestrichene Eßl. Butter oder Margarine · 16 dünne Scheiben Salami · 1 große grüne Paprikaschote · Salz · 1 Prise Cayennepfeffer · Knoblauchpulver · 50 g Champignons aus der Dose · 150 g geriebener oder geraspelter Schweizer Emmentaler Käse

- Zubereitungszeit: 20 Minuten

So wird's gemacht: Den Backofen vorheizen, Elektroherd auf 200°, Gasherd auf Stufe 3. • Die Graubrotscheiben mit der Butter oder der Margarine bestreichen. Darauf je 4 Scheiben Salami verteilen. • Die Paprikaschote waschen, aushöhlen und in gleichmäßig dünne Ringe schneiden. Auf Küchenkrepp gut abtropfen lassen. • Die Paprikaringe – bis auf 4 große – auf die Toastbrote verteilen. Leicht salzen. Mit wenig Cayennepfeffer bestäuben, reichlich Knoblauchpulver draufge-

Der Florentiner Champignontoast wird Ihnen als ▷
besondere Mahlzeit mittags oder abends munden!
Rezept siehe unten.

ben. • Die abgetropften Champignons blättrig schneiden und auf die Toasts verteilen. Darauf den geriebenen oder geraspelten Schweizer Emmentaler. Die Mitte mit je 1 Paprikaring garnieren. • Die Toastbrote auf das Backblech legen und in den Backofen auf die mittlere Leiste schieben. Die Toasts 10–15 Minuten überbacken.

Mein Tip Dazu einen Kopfsalat mit würziger Marinade reichen. Viel Kopfsalat, weil er so gut zu Toast schmeckt. Je nach Saison können Sie auch Feldsalat, Endivien oder Chicorée zubereiten. Ich würze die Marinade gerne mit 1 Prise Curry und verwende oft Obstessig, also einen reinen Apfelessig von milder Säure.

Florentiner Champignontoast

Bild gegenüber

250 g Spinat · 1 gestrichener Eßl. Butter · Salz · weißer Pfeffer · 1 kleine Dose Champignons (115 g) · 4 Scheiben Toastbrot · 2 Eßl. Margarine · 4 Scheiben gekochter Schinken · 4 Scheiben Emmentaler Käse · edelsüßes Paprikapulver

- Zubereitungszeit: 25 Minuten

So wird's gemacht: Den Spinat sorgfältig putzen, waschen, abtropfen lassen. • Die Butter in einem Topf erhitzen. Den Spinat darin 5 Minuten dünsten und salzen und pfeffern. • Den Backofen vorheizen, Elektroherd auf 225°, Gasherd auf Stufe 4. • Die Champignons abtropfen lassen und in Scheiben schneiden. • Das Toastbrot auf beiden Seiten im Toaster rösten. Mit der Margarine bestreichen, mit dem gekochten Schinken belegen. Darauf den gut abgetropften Spinat verteilen und dann die Champignonscheiben. Leicht salzen. • Die Toastbrote mit dem Käse belegen und mit Paprikapulver bestäuben. • Auf dem Backblech im vorgeheizten Ofen auf der obersten Leiste 8–10 Minuten überbacken.

Mein Tip Es schmeckt besonders gut, wenn Sie auf die Champignons noch 1 Eßlöffel Mandelblättchen verteilen und den Toast dann mit dem Käse belegen.

Edamer Graubrottoast

4 Scheiben Graubrot · 2 gestrichene Eßl. Butter · 12 Scheiben Cervelatwurst · 2 Tomaten · Salz · weißer Pfeffer · 4 Teel. Tomatenketchup · 4 Scheiben Edamer Käse · edelsüßes Paprikapulver

- Zubereitungszeit: 20 Minuten

So wird's gemacht: Den Backofen vorheizen, Elektroherd auf 225°, Gasherd auf Stufe 4. • Die Graubrotscheiben mit der Butter bestreichen. Mit je 3 Scheiben Cervelatwurst bele-

◁ Deftiger Zwiebeltoast ist eine herzhaft und sättigende Mahlzeit. Rezept Seite 40.

gen. • Die Tomaten waschen, abtrocknen und in Scheiben schneiden. Etwas auf Haushaltspapier abtropfen lassen, dann auf die Wurstscheiben legen. Die Tomatenscheiben mit Salz und Pfeffer würzen und je 1 Teelöffel Tomatenketchup daraufgeben. • Jede Toastscheibe mit Edamer Käse abdecken, diesen mit Paprikapulver bestäuben. • Die Toasts auf dem Backblech in den vorgeheizten Ofen auf die oberste Leiste schieben. 10 Minuten überbacken.

Variante – Curry-Graubrottoast
Die Brotscheiben mit Salami oder Bierschinken belegen, darauf Curryketchup. Mit Schweizer Emmentaler Käse bedecken und überbacken.

Mein Tip Ich verwende gerne Rauchsalz oder gewürztes Salz und auch gewürzten Pfeffer, wenn ich Tomaten (oder Steaks) einen besonderen geschmacklichen Pfiff geben will.

Bratwurst-Toast mit Tomaten

400 g grobe Bratwurst · 2 große Zwiebeln · 2 große Tomaten · 4 Scheiben Toastbrot mit Roggen · Salz · weißer Pfeffer · 4 dicke Scheiben Edamer Käse · edelsüßes Paprikapulver

- Zubereitungszeit: 20 Minuten

So wird's gemacht: Die Bratwurst aus der Haut lösen. • Die Zwiebeln schälen und in Scheiben schneiden. Die Scheiben in Ringe teilen. • Die Bratwurst und die Zwiebelringe in der heißen Pfanne ohne Fett 5 Minuten unter Rühren anbraten. • Den Backofen vorheizen, Elektroherd auf 200°, Gasherd auf Stufe 3. • Die Tomaten waschen, abtrocknen, die Stengelansätze herausschneiden. Die Tomaten in dicke Scheiben schneiden. • Die Brotscheiben im Toaster leicht vorrösten. Die gebratene Wurst auf die Brotscheiben verteilen, darauf Zwiebelringe und Tomatenscheiben legen. Die Tomatenscheiben leicht salzen und pfeffern, dann die Toasts mit den Käsescheiben belegen. Mit etwas Paprikapulver bestäuben. • Auf dem Backblech in den vorgeheizten Backofen auf die oberste Leiste schieben. Gut 10 Minuten überbacken. So lange, bis der Käse schön zerläuft. Sofort heiß servieren.

Mein Tip Gerade für diesen Toast eignet sich auch vorzüglich Schwarz- oder Landbrot. Die deftige Wurst harmoniert gut mit dem kräftigen Brot.

Leckerbissen-Toast

150 g Tiefkühl-Erbsen · Salz · 1 kleine rote Paprikaschote · 1 Bund Petersilie · 1 große Dose Ölsardinen ohne Haut und Gräten · edelsüßes Paprikapulver · schwarzer Pfeffer · 4 Scheiben Kastenschwarzbrot · 2 gestrichene Eßl. Butter oder Margarine · 150 g grob geraspelter Butterkäse · Petersilie zum Garnieren

- Zubereitungszeit: 25 Minuten

So wird's gemacht: Die tiefgefrorenen Erbsen nach Vorschrift garen. Leicht salzen. Abtropfen lassen. • Den Backofen vorheizen, Elektroherd auf 225°, Gasherd auf Stufe 4. • Die Paprikaschote vierteln, entkernen, waschen, abtrocknen und in feine Würfel schneiden. • Die Petersilie waschen, abtropfen lassen und grob hacken. • Die Ölsardinen mit dem Öl pürieren. • Alle diese Zutaten in einer Schüssel miteinander mischen. Wenn nötig, noch nachsalzen. Mit Paprikapulver würzen. Schwarzen Pfeffer frisch drübermahlen. Abschmecken. • Die Schwarzbrotscheiben mit der Butter oder der Margarine bestreichen. Die Gemüse-Fisch-Mischung darauf verteilen. Den geraspelten Butterkäse daraufhäufen. • Die Toasts auf dem Backblech in den Backofen auf die oberste Leiste schieben. Die Toasts 8–10 Minuten überbacken. • Auf vorgewärmten Tellern anrichten und mit Petersilie garniert servieren.

Mein Tip Dazu paßt sehr gut ein würziges Paprikagemüse. Einfach die geputzten Schoten in Streifen schneiden und in Öl mit reichlich Zwiebeln anbraten. Mit wenig Wasser 15 Minu ten zugedeckt schmoren. Dann mit einer Prise Zucker, reichlich weißem Pfeffer und etwas Salz würzen. Ein Badischer Weißherbst oder ein roter Ungarnwein macht das Essen zum Genuß.

Rotbarsch-Schaumbrot

1/2 Sellerieknolle von etwa 80 g · 1 Eßl. Zitronensaft · 4 Scheiben Weißbrot · 2 gestrichene Eßl. Butter oder Margarine · 2 Scheiben Ananas aus der Dose · Salz · weißer Pfeffer · 200 g geräucherter Rotbarsch · 2 Eier · 1 Beutel Mayonnaise

- Zubereitungszeit: 30 Minuten

So wird's gemacht: Den Backofen vorheizen, Elektroherd auf 225°, Gasherd auf Stufe 4. • Die Sellerieknolle schälen und in feine Streifen raspeln. Dabei mit dem Zitronensaft beträufeln, damit der Sellerie nicht vom Luftsauerstoff braun wird. • Die Weißbrotscheiben einseitig toasten. Die getoasteten Seiten mit der Butter oder der Margarine bestreichen. Je 1 gut abgetropfte, halbe Scheibe Ananas auf die Mitte legen, drumherum die Selleriearaspeln. Sellerie mit Salz und Pfeffer würzen. • Den geräucherten Rotbarsch häuten. Das Fleisch von den Gräten heben. In gleichmäßige Stücke zerpflücken. Den Räucherfisch auf die Toastbrote verteilen. • Die Eigelbe in einer Schüssel glattrühren. Die Mayonnaise einmischen. • Die Eiweiße zu steifem Schnee schlagen und unter die Ei-Mayonnaise-Mischung heben. Nach Geschmack mit Salz und Pfeffer nachwürzen. Diese Masse auf dem Fisch verteilen. • Die Toasts aufs Backblech legen. In den Backofen auf die oberste Leiste schieben. Die Toasts 10–15 Minuten überbacken, bis die Schaumhaube goldgelb ist. • Auf vorgewärmten Tellern sofort servieren, sonst fällt die Haube zusammen.

Bulettentoast

250 g Hackfleisch · 2 Eigelbe · Salz · je 1 Prise Cayennepfeffer und Zwiebelpulver · 1 Bund Petersilie · 1 Glas (2 cl) Kümmelschnaps · 4 Eßl. geriebener Meerrettich aus dem Glas · 8 Scheiben Toastbrot mit Roggen · 4 gestrichene Eßl. Butter oder Margarine · 1 Dose Sardellenfilets in Öl (65 g) · 2 Tomaten und 1 Glas Cornichons (110 g) zum Garnieren

- Zubereitungszeit: 35 Minuten

So wird's gemacht: Das Hackfleisch in eine Schüssel geben. Mit den Eigelben mischen. Salzen. Den Cayennepfeffer und das Zwiebelpulver zugeben. • Die gewaschene gehackte Petersilie mit dem Kümmelschnaps und dem Meerrettich einmischen. Abschmecken. • Den Backofen vorheizen, Elektroherd auf 200°, Gasherd auf Stufe 3. • Die Toastbrotscheiben mit Butter oder Margarine bestreichen. Den Bulettenteig hügelförmig darauf verteilen. • Die abgetropften Sardellenfilets kreuzweise auf das Hackfleisch legen. • Die Toasts auf dem Backblech in den vorgeheizten Ofen auf die mittlere Leiste schieben. Etwa 20 Minuten backen. • Die Toasts auf einer Platte anrichten. Mit Tomatenachteln und Cornichons garnieren.

Mein Menü-Vorschlag:
Rote-Bete-Salat, gemischt mit gekochten Selleriescheiben aus der Dose, dazu reichen. Gut ist auch Kopfsalat. Als Dessert empfehle ich einen Früchte-Eisbecher.

Leber-Ananas-Toast

400 g Kalbsleber · 1 gehäufter Eßl. Mehl · 1 Dose Champignons (230 g) · 2 gehäufte Eßl. Margarine · Salz · weißer Pfeffer · 2 gestrichene Teel. Speisestärke · 1 Schuß Cognac · 6 Eßl. saure Sahne · 4 Scheiben Kastengraubrot (knapp 1 cm dick) · 4 Scheiben Ananas aus der Dose · Petersilie oder Kresse zum Garnieren

- Zubereitungszeit: 25 Minuten

So wird's gemacht: Die Kalbsleber in 2 cm dicke Streifen schnetzeln. In dem Mehl wenden. • Die Champignons abtropfen lassen. Die Brühe aufbewahren. • Die Margarine in einer Pfanne erhitzen. Die Leber darin anbraten. Salzen und weißen Pfeffer drübermahlen. Mit den Champignons und 2 Eßlöffeln Brühe bei geringer Hitze etwa 4 Minuten durchschmoren. • Die Speisestärke mit dem Cognac und der sauren Sahne verrühren. Zum Fleisch gießen, unter Rühren aufkochen lassen und die Pfanne vom Herd nehmen. Die Leber abschmecken. • Die Graubrotscheiben im Toaster rösten. Dann auf

Mein Tip Eine mit saurer Sahne verfeinerte Sauce dürfen Sie immer – unter Rühren, natürlich – aufkochen. Verwenden Sie aber süße Sahne, dann geben Sie diese vorsichtshalber erst zum Schluß in die Sauce, die erhitzt, aber nicht mehr gekocht werden darf. Grund: Süße Sahne gerinnt beim Kochen leicht.

vier vorgewärmte Teller verteilen. Mit den abgetropften Ananasscheiben belegen. • Die geschnetzelte Leber daraufhäufen. Mit Petersilie oder Kresse garnieren.

Mein Menü-Vorschlag:
Vorweg schmeckt Ihnen bestimmt eine klare Bouillon mit einem Schuß Rotwein. Als Einlage Buchstabennudeln oder in feine Streifen geschnittenes Suppengemüse. Zum Leber-Ananas-Toast reiche ich Kopfsalat in einer Essig-Öl-Marinade. Und als Dessert Obst der Jahreszeit.

Steak-Bananen-Toast

4 Scheiben Rinderfilet zu je 125 g · 1 Eßl. Öl · 1 Zwiebel · Salz · weißer Pfeffer · 2 große Bananen · 1 Eßl. Butter · 1 Teel. Currypulver · 4 Scheiben Toastbrot mit Roggen · 2 gestrichene Eßl. Butter oder Margarine · 4 Scheiben holländischer Goudakäse zu je 30 g · 4 Cocktailkirschen

- Zubereitungszeit: 25 Minuten

So wird's gemacht: Den Backofen vorheizen, Elektroherd auf 225°, Gasherd auf Stufe 4. • Die Rindersteaks mit den Handballen so flach drücken, daß sie das Toastbrot bedekken. • Das Öl in einer Bratpfanne erhitzen. Die Steaks darin auf jeder Seite etwa 1 Minute anbraten. Warm stellen. • Die Zwiebel schälen und in Ringe schneiden. 5 Minuten im Bratfett durchbraten. Die Zwiebelringe und die Steaks mit Salz und Pfeffer würzen. Warm stellen. • Die Bananen schälen, halbieren und einmal quer durchschneiden, so daß 8 Stücke entstehen. • Die Butter im Bratfett erhitzen. Die Bananen kurz darin schwenken. Ganz leicht salzen, mit Currypulver bestäuben. • Die Toastbrotscheiben einseitig vortoasten. Die getoasteten Seiten mit der Butter oder Margarine bestreichen. Aufs Backblech geben. • Die Toastbrotscheiben nacheinander belegen mit den Steaks, den Zwiebelringen, je 2 Bananenstücken und je 1 Käsescheibe. In die Mitte kommt 1 Cocktailkirsche. • Das Backblech in den Ofen auf die oberste Leiste schieben. Die Toasts 5–8 Minuten überbacken. Sofort servieren.

Mein Tip Damit's schnell geht, schlage ich Ihnen für das Menü eine China-Suppe aus der Tiefkühltruhe vor, die nach Vorschrift zubereitet wird. Als Nachtisch empfehle ich einen Puddig ohne kochen oder eine Portion Capuccino-Eis. Wenn Sie sich ein bißchen mehr Arbeit machen wollen, können Sie zum Toast noch einen gemischten Salat zubereiten.

Deftiger Zwiebeltoast

Bild Seite 36

4 Zwiebeln · 2 gestrichene Eßl. Butter oder Margarine · Salz · schwarzer Pfeffer · 4 Scheiben Graubrot · 4 Scheiben Corned beef zu je 50 g · 4 Scheiben holländischer Goudakäse zu je 50 g · 1 Tomate und 4 Stengel Petersilie zum Garnieren

- Zubereitungszeit: 25 Minuten

So wird's gemacht: Den Backofen vorheizen, Elektroherd auf 225°, Gasherd auf Stufe 4. • Die Zwiebeln schälen und in Scheiben schneiden. • Die Butter oder die Margarine in einer Pfanne erhitzen. Die Zwiebeln darin 5 Minuten unter Rühren bräunen. Mit Salz und schwarzem Pfeffer würzen. 2 Eßlöffel heißes Wasser angießen. Noch 5 Minuten schmoren. • Die Graubrotscheiben mit dem Corned beef belegen. Darauf die geschmorten Zwiebeln verteilen. Mit den Käsescheiben bedekken. • Die vorbereiteten Toasts aufs Backblech legen. Das Backblech auf die oberste Leiste in den Backofen schieben. Die Toasts 8–10 Minuten überbacken. • Inzwischen die Tomate waschen. Den Stengelansatz entfernen. Die Tomate vierteln. Die Petersilie waschen und abtropfen lassen. • Die fertigen Toasts auf vier vorgewärmten Tellern anrichten. Tomatenviertel und Petersilienblättchen als Garnierung dazulegen.

Mein Tip Manchmal gebe ich in die geschmorten Zwiebeln das gewürfelte Corned beef und erhitze es darin. In diesem Fall genügen 150 g Fleisch. Die Mischung wird auf die Brotscheiben verteilt. Darauf lege ich dann Gewürzgurkenscheiben (von 2 Gurken) und zum Schluß den Käse. Die Zeit zum Überbacken ist die gleiche.

Wenn es um ein Toastessen geht, darf ich Ihnen den Coq au vin, ein klassisches französisches Geflügelgericht, nicht vorenthalten. Denn Coq au vin wird traditionsgemäß mit Toast angerichtet, und man ißt dazu auch Toastbrot. Das Gericht stammt aus der Küche des Burgund.

Coq au vin

5 große Zwiebeln · 2 gehäufte Eßl. Butter oder Margarine · 100 g durchwachsener Speck in Scheiben (oder Bacon, den gibt's abgepackt) · 1/2 l roter Burgunder Wein · 2 Knoblauchzehen · Salz · 1 großes Hähnchen (1000 g) · 3 Eßl. Öl · 2 gestrichene Eßl. Mehl · schwarzer Pfeffer · 1 Glas (2 cl) Cognac · 1 kleine Dose Champignons (115 g) · 2 Scheiben Toastbrot · Petersilie zum Garnieren

- Zubereitungszeit: 60 Minuten

So wird's gemacht: Die Zwiebeln schälen und würfeln. • Die Butter oder die Margarine in einem ausreichend großen Topf erhitzen. Die Zwiebelwürfel darin glasig werden lassen. Dann die Hälfte der Speckscheiben kleinschneiden und zugeben. Bräunen. Den Wein angießen. Die Mischung kochen lassen. • Die Knoblauchzehen schälen, mit Salz zerdrücken und zum Wein geben. Die Flüssigkeit sieden lassen. • Das gewaschene Hähnchen abtrocknen und in sechs Teile schneiden. Die Teile mit Salz einreiben. • Das Öl in einer Pfanne erhitzen. Die Hähnchenteile darin kräftig anbraten. • Die Hähnchenschenkel zuerst in den Wein geben. 10 Minuten darin kochen lassen. Dann die übrigen

Hähnchenteile zugeben. 40 Minuten leicht kochen lassen. • Das Mehl mit etwas Wasser glattrühren und die Flüssigkeit damit binden. Gut rühren, damit sich keine Klümpchen bilden. Mit Pfeffer und Cognac, wenn nötig auch noch mit Salz abschmecken. • Die restlichen Speckscheiben in der trockenen Pfanne ausbraten, die abgetropften Champignons darin erhitzen und alles zum Hähnchen geben. In einer Schüssel anrichten. • Die Brotscheiben im Toaster rösten und in Dreiecke schneiden. Den Coq au vin damit und mit Petersiliensträußchen garnieren.

Mein Menü-Vorschlag: Dazu gibt es, wie schon gesagt, Toast. Wenn Sie wollen, getoastetes Landbrot. Das schmeckt noch ein bißchen kräftiger. An Festtagen – oder wenn Ihnen gerade danach ist – sollten Sie einen Burgunder Wein nach Ihrer Wahl dazu servieren. Als Abschluß dieses leckeren Essens paßt ein Obstsalat mit Weinschaumcreme.

Kasselertoast mit Äpfeln

2 dicke, saftige Äpfel · 2 Eßl. Öl · 4 Scheiben Kasseler ohne Knochen (je 150 g) · weißer Pfeffer · Salz · 4 große Scheiben Weißbrot · 2 gestrichene Eßl. Butter oder Margarine · 4 Eßl. Steaksauce (Fertigprodukt) · 150 g geriebener Edamer Käse

- Zubereitungszeit: 25 Minuten

So wird's gemacht: Die Äpfel schälen. Das Kerngehäuse ausstechen und die Äpfel in gleichmäßig dicke Scheiben schneiden. • Den Backofen vorheizen, Elektroherd auf 225°, Gasherd auf Stufe 4. • Das Öl in einer Pfanne erhitzen. Die Kasselerscheiben darin auf beiden Seiten anbraten, dann auf jeder Seite noch 3 Minuten braten. Leicht pfeffern und warm stellen. • Die Apfelscheiben im Bratfett auf jeder Seite 3 Minuten braten. Ganz leicht salzen. • Inzwischen die Brotscheiben auf dem Backblech im vorgeheizten Ofen auf der obersten Leiste 3 Minuten rösten. • Die leicht abgekühlten Brotscheiben mit Butter oder Margarine bestreichen und mit den Kasselerscheiben belegen. Diese mit je 1 Eßlöffel Steaksauce bestreichen und darauf die Apfelscheiben verteilen. Jede Scheibe mit geriebenem Edamer Käse bestreuen. • Das Backblech wieder in den vorgeheizten Ofen auf die oberste Leiste schieben. Die Toasts 8 bis 10 Minuten überbacken.

Mein Menü-Vorschlag: Zum Kasselertoast mit Äpfeln schmeckt Sauerkraut mit Speckwürfeln. Als Dessert paßt eine einfache Mokka-Quarkspeise. Dazu 250 g Quark mit Milch cremig schlagen, leicht zuckern und mit Pulverkaffee kräftig würzen. Dazu können Sie mit Kirschwasser abgeschmecktes Sauerkirschkompott reichen.

Mein Tip Wenn's mal ganz schnell gehen soll, verwende ich für diesen Toast gekochtes Kasseler, das es ja fertig zu kaufen gibt. Damit spare ich mir die Bratzeit fürs Fleisch.

Sauerkrauttoast

1 Eßl. Öl · 4 magere Schweinebauch-Schnitzel zu je 150 g · Salz · weißer Pfeffer · 4 Scheiben Grau- oder Schwarzbrot · 1 Dose Sauerkraut (290 g) · 1 Teel. getrockneter Majoran · 2 Scheiben Ananas aus der Dose · 50 g Gorgonzola oder Danablukäse · 8 Eßl. Sahne

- Zubereitungszeit: 30 Minuten

So wird's gemacht: Den Backofen vorheizen, Elektroherd auf 225°, Gasherd auf Stufe 4. • Das Öl in einer Pfanne erhitzen. Die Schnitzel mit Salz und weißem Pfeffer einreiben. Im heißen Öl auf beiden Seiten anbraten, dann auf jeder Seite in 4 Minuten garbraten. Auf die Brotscheiben legen. • Das Sauerkraut vollkommen abtropfen lassen. Es darf nicht mehr feucht sein, sonst wird das Brot weich. Mit etwas Salz, Pfeffer und mit dem Majoran würzen. • Die Ananasscheiben kleinschneiden. Unter das Sauerkraut mischen. Diese Mischung aufs Fleisch verteilen. • Den Käse in einer Schüssel fein zerdrücken und mit der Sahne verrühren. Übers Sauerkraut verteilen. • Die Toasts aufs Backblech legen. Das Backblech in den vorgeheizten Ofen auf die oberste Leiste schieben. Die Toasts 8–10 Minuten überbacken. Der Käse darf ganz zart gebräunt sein. • Aus dem Ofen nehmen und auf vorgewärmten Tellern servieren.

Mein Menü-Vorschlag: Diesen Toast sollten Sie ohne Beilage essen, denn er enthält alles, was Sie zum Essen brauchen: Fleisch, Gemüse und Brot (statt Kartoffeln, wie sonst). Eine kräftige Gemüse-Fleischbrühe vorweg macht das Essen vollständig.

Steak-Champignon-Toast

1 Zwiebel · 1 Dose Champignons (230 g) · 2 gestrichene Eßl. Butter oder Margarine · 1 Teel. Zitronensaft · Salz · weißer Pfeffer · 4 Rinderfiletsteaks zu je 150 g · 2 Eßl. Öl · 4 Scheiben Toastbrot mit Roggen · 2 Eßl. Mayonnaise (50% Fett) · 1 Teel. Currypulver · 4 Zitronenscheiben und Petersilie zum Garnieren

- Zubereitungszeit: 30 Minuten

So wird's gemacht: Die Zwiebel schälen und würfeln. • Die Champignons abtropfen lassen. • Die Butter oder Margarine in einem Topf erhitzen. Die Zwiebelwürfel darin goldgelb anbraten. Die Champignons zugeben und darin erhitzen. Mit Zitronensaft, Salz und Pfeffer abschmecken. Warm stellen. • Die Rinderfiletsteaks mit den Handballen leicht flachdrücken. • Das Öl in einer Pfanne erhitzen. Die Filetsteaks darin zuerst auf jeder Seite etwa 1 Minute anbraten, dann auf jeder Seite noch 3 oder 4 Minuten braten. Mit Salz und Pfeffer würzen. • Die Brotscheiben im Toaster rösten, während die Steaks braten. Leicht abkühlen lassen. • Die Mayonnaise mit dem Currypulver würzen, eventuell etwas nachsalzen. Die Brotscheiben mit Mayonnaise bestreichen und mit den Steaks belegen. Auf vorgewärmten Portionstellern anrichten. Die Champignons darauf verteilen. Mit je 1 Zitronenscheibe und etwas Petersilie garniert servieren.

Mein Menü-Vorschlag: Reichen Sie vorweg eine Spargelcremesuppe (Fertigprodukt) und

Würzig, knusprig, extravagant! Der Sardellentoast ▷
für Kenner feiner Einfachheit! Rezept Seite 50.

als Dessert Schokoladenpudding mit Vanillesauce, die man nicht zu kochen braucht.

Mein Tip Wenn Sie daraus ein Sonntagsessen machen wollen, dann bereiten Sie mal Toast Jägerart und nehmen statt Champignons Pfifferlinge. Daß diese Pilze ihren beachtlichen Preis haben, wissen Sie sicherlich.

Pfirsich-Hähnchen-Toast

1 gegrilltes Hähnchen (fertig gekauft) · 40 g durchwachsener Speck · gut 1/8 l Milch · 1 gestrichener Eßl. Speisestärke · 1 Ecke Schmelzkäse (62,5 g) · 1 Glas (2 cl) Whisky · Salz · weißer Pfeffer · 1 Dose Pfirsichhälften (250 g) · 4 Scheiben Landbrot · 4 Eßl. geriebener Parmesankäse

- Zubereitungszeit: 30 Minuten

So wird's gemacht: Das Hähnchenfleisch von den Knochen lösen und in möglichst gleichmäßige Scheiben schneiden. Den durchwachsenen Speck gleichmäßig würfeln. • Den Backofen vorheizen, Elektroherd auf 225°, Gasherd auf Stufe 4. • Für die Sauce die Milch in einem Topf erhitzen. Die Speisestärke mit etwas Wasser anrühren und die Milch damit binden. • Den Käse kleinschneiden. Unter Rühren in die gebundene Milch geben und so lange kochen, bis sich der Käse aufgelöst hat. Die Sauce mit Whisky, Salz und Pfeffer abschmecken. Leicht abkühlen lassen. • Die Pfirsiche abtropfen lassen. • Die Landbrotscheiben aufs Backblech legen und im vorgeheizten Ofen auf der obersten Leiste 3 Minuten einseitig vorrösten. • Den durchwachsenen Speck in einer Pfanne glasig werden lassen. Das Hähnchenfleisch vorsichtig darin erhitzen. Beides auf die Brotscheiben verteilen. Darauf die Pfirsichhälften. Zum Schluß mit der Sauce überziehen. Jede Scheibe mit 1 Eßlöffel geriebenem Parmesankäse bestreuen. Wieder in den Backofen auf die oberste Leiste schieben. 8–10 Minuten überbacken. • Aus dem Ofen nehmen und auf vorgewärmten Tellern anrichten.

Mein Menü-Vorschlag: Zum Pfirsich-Hähnchen-Toast empfehle ich Ihnen Kopfsalat in einer Sahnemarinade. Vorweg schmeckt eine Klare Ochsenschwanzsuppe. Dann können Sie auf ein Dessert verzichten.

Tournedos auf meine Art

Das muß ich noch schnell vorweg sagen: Die Tournedos aus der feinen Küche werden immer aus dem dünneren Teil des zarten Rinderfilets geschnitten. Die fast runden, daumendicken Stücke wiegen nicht mehr als 100 g. Sie werden gebraten und gewöhnlich auf gerösteten Weißbrotscheiben – also auf Toasts – serviert. Tournedos Rossini kennen Sie sicher. Das sind die gebratenen Tournedos, die auf Brot angerichtet und mit Gänseleberpastete, frisch gebratener Gänseleber oder Gänselebermousse belegt werden. Darauf kommt noch eine kostbare Trüffelschei-

◁ Ein besonders feiner Imbiß für Gäste: Käserührei-Toast mit Krabben. Rezept Seite 49.

be. Den Bratfond der Tournedos kocht man mit etwas Madeira auf und reicht ihn als Sauce. So aufwendig sind meine Tournedos nicht. Aber ich garantiere Ihnen, daß sie auch gut schmecken.

4 Tournedos zu je 100 g · 1 große Zwiebel · 2 Eßl. Öl · Salz · schwarzer Pfeffer · 4 Scheiben Toastbrot · 2 gestrichene Eßl. Butter · 1 Dose Sellerie (290 g) · 2 Tomaten · 1 Tasse Maiskörner aus der Dose · Petersilie zum Garnieren

- Zubereitungszeit: 20 Minuten

So wird's gemacht: Die Tournedos runddrükken (am besten mit den Handballen). Die Zwiebel schälen und würfeln. • Das Öl in einer Pfanne erhitzen. Die Tournedos darin gleichzeitig mit den Zwiebelwürfeln auf jeder Seite 3 Minuten braten. Mit Salz und Pfeffer würzen. • In der Zwischenzeit die Toastscheiben im Toaster rösten und rund ausschneiden, so daß die Tournedos genau daraufpassen. • Die Tournedos auf den Toastscheiben auf einer vorgewärmten Platte anrichten. Mit dem Zwiebelbratfond begießen. • Die Butter in der Bratpfanne erhitzen. 2 Eßlöffel Selleriebrühe angießen. Den Sellerie in Scheiben schneiden. Auch die gewaschenen Tomaten. Beides schnell mit den Maiskörnern in der Pfanne erhitzen. Salzen und pfeffern. Auf der Platte zwischen den Tournedos anrichten. Jeweils zuerst eine Sellerieschiebe, dann eine Tomatenscheibe, darauf die Maiskörner. Mit Petersilie garniert servieren.

Mein Menü-Vorschlag: Zu den Tournedos einen trockenen Nahewein servieren. Als Dessert Früchtegelee.

Camemberttoast mit Ei

4 Scheiben Graubrot · 4 gestrichene Eßl. Butter oder Margarine · 4 dicke Scheiben gekochter Schinken · 1 Camembertkäse (250 g) · 4 Eier · Salz · edelsüßes Paprikapulver · etwas Petersilie

- Zubereitungszeit: 20 Minuten

So wird's gemacht: Den Backofen vorheizen, Elektroherd auf 225°, Gasherd auf Stufe 4. • Die Brotscheiben mit 2 Eßlöffeln Butter oder Margarine bestreichen. Mit je 1 Scheibe Schinken belegen. Den Camembert in Scheiben darauf verteilen. • Die Toasts aufs Backblech legen. In den vorgeheizten Ofen auf die oberste Leiste schieben. 8–10 Minuten überbacken. • Inzwischen die restliche Butter oder Margarine in der Pfanne erhitzen. Die Eier darin zu Spiegeleiern braten. Salzen und mit Paprikapulver bestäuben. • Auf den Toasts anrichten. Mit Petersilie garnieren.

Mein Menü-Vorschlag: Champignoncremesuppe vorweg reichen. Zum Toast frischen Salat in Essig-Öl-Marinade, zum Beispiel Feldsalat, Endivie oder Kopfsalat. Die Marinade dazu mit Sahne oder Joghurt rühren. Als Nachtisch schmeckt Apfelstrudel (tiefgekühlt) mit Schlagsahne.

Mein Tip Es gibt einen neuen bayerischen Käse namens Bavariablu, eine gelungene Komposition aus Blauschimmel- und Camembertkäse. Vorzüglich zum Überbacken.

Amsterdamer Kirschtoast

2 Tiefkühl-Hühnerbrüstchen (400 g) · 3 gestrichene Eßl. Margarine · Salz · weißer Pfeffer · 1 Teel. Sambal Oelek (indonesisches Gewürz) · 250 g entsteinte Kirschen aus dem Glas · 2 gestrichene Eßl. Butter · 4 Scheiben Toastbrot · 4 Scheiben Edamer Käse · 1 Teel. Currypulver

- Zubereitungszeit: 30 Minuten

So wird's gemacht: Die Hühnerbrüstchen auftauen lassen, abspülen und abtrocknen. Die 4 Filets von den Knochen lösen. • Die Margarine in einer Pfanne erhitzen. Die Hühnerbrüstchen darin auf beiden Seiten anbraten, dann weitere 10 Minuten (pro Seite 5 Minuten) braten. Mit Salz, Pfeffer und Sambal Oelek würzen. • Die Kirschen abtropfen lassen. • Den Backofen vorheizen, Elektroherd auf 225°, Gasherd auf Stufe 4. • Die Butter in einer Pfanne erhitzen. Die Toastbrotscheiben darin einseitig hellgelb bräunen, dann mit der ungerösteten Seite aufs Backblech legen. • Die Hühnerbrüstchen in kurze Scheiben schneiden. Die Toastbrote damit belegen, darauf die in einem Topf leicht erhitzten Kirschen verteilen. Jedes Brot mit 1 Scheibe Edamer Käse abdecken. Mit 1 Kirsche belegen und mit Currypulver bestäuben. • Das Backblech auf die oberste Leiste in den Backofen schieben. Die Toasts 8–10 Minuten überbacken. • Auf vorgewärmten Tellern anrichten.

Mein Tip Es schmeckt vorzüglich, wenn Sie zu diesen Toasts einen Obstsalat aus Früchten der Jahreszeit in einer pikanten Joghurtmarinade reichen, in die ich immer etwas Mayonnaise rühre. Und zuweilen auch 2 Teelöffel Cumberlandsauce, die man fertig zu kaufen bekommt.

Fischtoast Miami

4 Scheiben Kabeljaufilet zu je 100 g · 1 Eßl. Zitronensaft · Salz · 2 Eßl. Mehl · 4 Eßl. Öl · 1 Banane · 2 Teel. edelsüßes Paprikapulver · 4 Scheiben Toastbrot mit Roggen · 4 Scheiben Ananas aus der Dose · 4 Teel. Mangochutney (fertig gekauft) · 4 Kaiserkirschen aus dem Glas · 1 kleine Dose Pfirsichkompott (250 g)

- Zubereitungszeit: 40 Minuten

So wird's gemacht: Den Backofen vorheizen, Elektroherd auf 225°, Gasherd auf Stufe 4. • Die Kabeljaufilets mit dem Zitronensaft beträufeln, salzen und im Mehl wenden. • Das Öl in einer Pfanne erhitzen. Die Fischfilets darin auf jeder Seite 3 Minuten braten. Warm stellen. • Die Banane schälen, quer und längs halbieren und mit Paprikapulver bestäuben. Schnell in der Pfanne auf beiden Seiten anbraten. • Die Brotscheiben im Toaster leicht vorrösten, aufs Backblech legen, darauf die Fischscheiben geben und je 1 Scheibe Ananas. Die Ananasscheiben mit je 1 Teelöffel Mangochutney füllen und mit 1 Kaiserkirsche belegen. Je 1 Bananenviertel danebenlegen. • Das Backblech in den Ofen auf die oberste Leiste schieben. Die Toasts 5–8 Minuten überbacken. • Aus dem Ofen nehmen und heiß servieren. Dazu das kalte Pfirsichkompott reichen.

Mein Tip Reichhaltiger wird der Fischtoast Miami noch, wenn Sie die Bananenviertel mit je 1 Eßlöffel fein gewürfeltem Butterkäse belegen und ihn dann überbacken.

Lachstoast Skagen

1 Dose Räucherlachs in Öl (65 g) · 1 mürber Apfel · 1 Teel. Zitronensaft · 2 gehäufte Eßl. Mayonnaise (50% Fett) · 1 Glas (2 cl) Aquavit · Salz · weißer Pfeffer · 1 Prise Zucker · 4 Stengel Dill oder 1 Teel. getrocknete Dillspitzen · 1/2 Teel. Currypulver 1/8 l Sahne · 4 Scheiben Toastbrot mit Roggen · 2 gestrichene Eßl. Butter · 1 hartgekochtes Ei

- Zubereitungszeit: 15 Minuten

So wird's gemacht: Den Räucherlachs abtropfen lassen. • Den Apfel schälen. Das Kerngehäuse entfernen und aus dem Apfel 4 gleichmäßige Ringe schneiden. Mit dem Zitronensaft beträufeln, damit die Ringe nicht braun werden. • Die Mayonnaise mit dem Aquavit verrühren, mit Salz, Pfeffer und dem Zucker abschmecken. • Den Dill waschen, hacken und unter die Mayonnaise heben. Mit Currypulver würzen. • Die Sahne steif schlagen. Auch unter die Mayonnaise mischen. • Das Brot im Toaster goldbraun rösten, leicht abkühlen lassen und mit der Butter bestreichen. • Auf jedes Brot zuerst 1 Scheibe Räucherlachs, dann 1 Apfelring legen. • Das Ei schälen und daraus 4 gleichmäßige Scheiben schneiden. Je 1 auf die Apfelringe legen. Darauf die Mayonnaise verteilen. Auf Tellern anrichten und servieren.

Mein Tip Wenn's mal weniger aufwendig sein soll, verwende ich als Belag geräucherten Seelachs. Zusätzlich garniere ich die Mayonnaise-Sahne noch mit Dillspitzen.

Käserührei-Toast mit Krabben

Bild Seite 46

100 g Emmentaler Käse · 6 Eier · Salz · weißer Pfeffer · 2 Eßl. geriebener Parmesankäse · 2 gestrichene Eßl. Butter oder Margarine · 4 Scheiben Toastbrot mit Roggen · 100 g Krabben (tiefgekühlt und aufgetaut oder aus der Dose und abgetropft) · 4 Teel. milde Chilisauce (Fertigprodukt) · 4 Teel. feine Kapern

- Zubereitungszeit: 25 Minuten

So wird's gemacht: Den Käse in sehr feine Würfel schneiden. • Die Eier in einer Schüssel mit dem Schneebesen gut verquirlen. Den Emmentaler Käse unterheben. Leicht mit Salz und Pfeffer würzen und den geriebenen Parmesankäse unterheben. • Die Butter oder die Margarine in einer Pfanne erhitzen. Die Eiermischung hineingießen und bei geringer Hitze zu Rührei braten. Dabei gelegentlich die Masse mit dem Pfannenmesser vom Rand zur Mitte schieben, so daß sie schollenförmig stockt. • Die Brotscheiben im Toaster rösten, das Käserührei darauf verteilen. • Die Krabben schnell in der Pfanne erhitzen (etwa 2 Minuten) und aufs Rührei häufen. • Mit je 1 Teelöffel Chilisauce und Kapern garniert servieren.

Das paßt dazu: Kopfsalat oder gemischter Salat. Als Getränk Roséwein oder Bier.

Sardellentoast

Bild Seite 45

2 Dosen Sardellenfilets in Öl (je 65 g) · 1 kleine Zwiebel · 2 hartgekochte Eier · 3 Eßl. Mayonnaise (50% Fett) · 2 Eßl. Sahne · 4 Stengel Dill · 4 Stengel Petersilie · 2 Eigelbe · 4 Scheiben Toastbrot mit Roggen · 4 gehäufte Eßl. geriebener Emmentaler Käse · 2 gestrichene Eßl. Butter oder Margarine

- Zubereitungszeit: 20 Minuten

So wird's gemacht: Den Backofen vorheizen, Elektroherd auf 225°, Gasherd auf Stufe 4. • Die Sardellen aus den Dosen nehmen und fein pürieren. Am besten in einem engen Gefäß. • Die Zwiebel und die hartgekochten Eier schälen und sehr fein hacken. Beides mit den Sardellen, dem Sardellenöl, der Mayonnaise und der Sahne in einer Schüssel verrühren. • Den Dill und die Petersilie waschen, hacken und unter die Sardellenmischung heben. Die Eigelbe hineinrühren. • Die Brotscheiben im Toaster leicht rösten. Die Sardellencreme darauf verteilen. Mit je 1 Eßlöffel geriebenem Käse bestreuen. Die Butter oder die Margarine in Flöckchen darauf verteilen. • Aufs Backblech oder auf eine feuerfeste Platte legen. Im vorgeheizten Backofen auf der obersten Leiste 8–10 Minuten überbacken.

Mein Tip Der Sardellentoast ist etwas für Leute, die's gerne salzig oder scharf mögen. Wenn ich weiß, daß meine Gäste eher für die weiche Welle sind, verwende ich dazu Ölsardinen ohne Haut und Gräten. Sie sind bedeutend milder.

Toasthäppchen als Imbiß

4 Scheiben Toastbrot · 2 gestrichene Eßl. Butter oder Margarine · 4 dickere Scheiben gekochter Schinken aus der Dose · 4 Ananasscheiben oder 8 Birnenhälften aus der Dose · 4 Scheiben Edamer Käse · 1/2 Teel. gemahlener Nelkenpfeffer, gemischt mit Ingwerpulver

- Zubereitungszeit: 10 Minuten

So wird's gemacht: Den Backofen vorheizen, Elektroherd auf 200°, Gasherd auf Stufe 3. • Die Brotscheiben im Toaster leicht rösten, dann mit Butter oder Margarine bestreichen und mit dem Schinken belegen. Jede Scheibe vierteln. • Die Ananasringe in vier Stücke schneiden oder die Birnenhälften halbieren. Die Toasthäppchen mit Ananas oder Birnen belegen. • Die Käsescheiben vierteln, auf die Häppchen legen und mit wenig Gewürzmischung bestäuben. • Auf dem Backblech oder auf einer feuerfesten Platte im vorgeheizten Ofen (oberste Leiste) 8–10 Minuten überbacken und sofort servieren.

Das paßt dazu: ein leichter Pfälzer Weißwein oder ein Roséwein.

Mein Tip Bei Häppchen rechne ich nicht mehr als eine Scheibe pro Person. Sie sollen zwei Forderungen erfüllen: Ich möchte meinen Gästen mit einer kleinen Aufmerksamkeit aus der Küche sagen, daß sie mir willkommen sind. Und meine Gäste sollen ein kleines Magenpflaster als Übergang zur nächsten Mahlzeit haben.

Gorgonzola-Birnen-Toast

Bild 2. Umschlagseite

4 Scheiben helles Graubrot (Mischbrot) · 2 gestrichene Eßl. Butter oder Margarine · 4 Scheiben magerer gekochter Schinken · 8 Birnenhälften aus der Dose · 4 Eßl. Cumberlandsauce (Fertigprodukt) · 125 g Gorgonzolakäse · 12 halbe Walnußkerne

- Zubereitungszeit: 20 Minuten

So wird's gemacht: Den Backofen vorheizen, Elektroherd auf 225°, Gasherd auf Stufe 4. • Die Graubrotscheiben einseitig toasten. Die getoasteten Seiten mit der Butter oder der Margarine bestreichen. Die Brotscheiben mit dem gekochten Schinken belegen, darauf je 2 abgetropfte Birnenhälften. Die Birnen mit je 1 Eßlöffel Cumberlandsauce überziehen. • Den Gorgonzola, der ein recht weicher Käse ist, mit einem in kaltes Wasser getauchten scharfen Messer in Scheiben schneiden. • Die Toastbrote mit den Gorgonzola-Scheiben schuppenförmig belegen. Je 3 halbe Walnußkerne in die Mitte eines jeden Toasts drükken. • Die Toastbrote auf das Backblech legen. Im Backofen auf der obersten Leiste 7–8 Minuten überbacken.

Mein Tip Vorzüglich schmeckt zu allen Toasts, die mit Edelpilzkäse zubereitet werden, ein pikanter Obstsalat. Ich mache ihn so: Eine Marinade aus 3 Eßlöffeln Mayonnaise (50% Fett) mit 2 Teelöffeln scharfem Senf rühren. Dazu 2 Eßlöffel Magerjoghurt und 2 Teelöffel Zitronensaft, 1 Prise Zucker, 1 Eßlöffel Exotic-Relish (Fertigprodukt) und 2 Teelöffel Currypulver. Mit Salz und weißem Pfeffer abschmecken. In die Marinade mischen: 1 großen saftigen, gewürfelten Apfel (möglichst mit Schale), 1 gewürfelte Orange, 2 gewürfelte Kiwifrüchte, 2 gewürfelte Scheiben Ananas aus der Dose. 10 Minuten durchziehen lassen, abschmecken und servieren.

Roquefort-Weintrauben-Schlemmerei

125 g blaue Weintrauben · 4 Scheiben Kastenweißbrot · 2 gestrichene Eßl. Butter oder Margarine · 8 dicke Scheiben Mortadella (200 g) · 4 Scheiben Ananas aus der Dose · 125 g Roquefortkäse · 50 g gehackte Walnußkerne

- Zubereitungszeit: 20 Minuten

So wird's gemacht: Den Backofen vorheizen, Elektroherd auf 225°, Gasherd auf Stufe 4. • Die Weintrauben waschen, gut abtrocknen. Die Weinbeeren von den Stielen zupfen, halbieren und entkernen. • Die Weißbrotscheiben einseitig toasten. Die getoasteten Seiten mit der Butter oder der Margarine bestreichen. • Die Scheiben aufs Backblech legen. Auf jedes Brot je 2 Scheiben Mortadella geben und je 1 gut abgetropfte Scheibe Ananas. Darauf die halbierten Weinbeeren verteilen. • Den Roquefort in kurze Scheiben schneiden. (Das geht am besten mit einem Messer, das Sie kurz in kaltes Wasser tauchen.) Die Toasts schuppenförmig mit den Roquefortscheiben belegen. Den Käse mit den gehackten Walnußkernen bestreuen. • Das Backblech in den Backofen auf die oberste Leiste schieben. Die Toasts 5–8 Minuten überbacken und sofort heiß servieren.

Mein Tip Außer dem Salat, den ich im Rezept Gorgonzola-Birnen-Toast empfehle, paßt zu diesem Toast ein würziger Weißwein, z. B. ein Nahewein. Es gibt da sehr aromatische Lagen.

Birnentoast Lukullus

Für die Sauce:
1 Teel. Speisestärke · 1/8 l Milch · 100 g Sahne-Schmelzkäse · 1 Glas (2 cl) Birnengeist · eventuell Salz
Für die Toasts:
4 Scheiben Toastbrot mit Roggen · 50 g geriebener Parmesankäse · 50 g geriebener Emmentaler Käse · 2 Eigelbe · 1 Teel. edelsüßes Paprikapulver · schwarzer Pfeffer · 4 abgetropfte Birnenhälften aus der Dose · 8 gehackte Walnußkerne

- Zubereitungszeit: 35 Minuten
- Abkühlzeit: 10 Minuten

So wird's gemacht: Die Speisestärke in etwas Milch glattrühren. Die restliche Milch in einem Topf aufkochen. Unter Rühren mit der Speisestärke binden. • Den kleingeschnittenen Schmelzkäse darin unter Rühren zergehen lassen. Vom Herd nehmen, den Birnengeist einrühren, nach Geschmack salzen. Leicht abkühlen lassen. • Den Backofen vorheizen, Elektroherd auf 225°, Gasherd auf Stufe 4. • Die Toastscheiben leicht im Toaster vorrösten. • 3 Eßlöffel Parmesankäse mit dem Emmentaler Käse, den Eigelben, dem Paprikapulver und etwas Pfeffer verrühren. Diese Creme auf die Toastbrote verteilen. Darauf die Birnenhälften und die gehackten Walnußkerne. • Jedes Toastbrot mit Käsesauce überziehen und mit dem restlichen Parmesankäse bestreuen. • Die Toastbrote aufs Backblech legen. Das Backblech in den vorgeheizten Ofen auf die mittlere Leiste schieben. Die Toastbrote 10–15 Minuten überbacken. Sehr heiß servieren.

Mein Tip Birnentoast Lukullus reiche ich manchmal als Mittagessen und verwende dann die doppelte Menge Toastzutaten, aber die gleiche Menge Sauce. Dazu gibt's einen gemischten Salat aus Gurke, Kopfsalat, roten Beten und Selleriescheiben.

Toast nach Art von Arles

2 saftige Äpfel · 1 Prise Zucker · 4 flache Kalbsschnitzel zu je 125 g · 2 Eßl. Öl · weißer Pfeffer · 2 Sardellenfilets in Öl · 1 Teel. französischer Senf · 1 Prise zerriebener Oregano · 2 Eßl. Butter oder Margarine · 4 Scheiben Weißbrot · 2 runde französische Kräuterkäse (Boursin)

- Zubereitungszeit: 35 Minuten

So wird's gemacht: Die Äpfel schälen. Das Kerngehäuse ausstechen. Die Äpfel in 1 cm dicke Ringe schneiden. Sie brauchen 8 gleichmäßige Ringe. • 1/8 l Wasser in einem Topf aufkochen. Die Apfelringe mit der Prise Zucker dazugeben. 5 Minuten kochen und abgetropft warm stellen. • Die Kalbsschnitzel mit den Handballen flachdrücken. Das Öl in einer Pfanne erhitzen. Die Kalbsschnitzel darin auf jeder Seite 3 Minuten braten, dann mit Pfeffer würzen. Warm halten. • Die Sardellenfilets fein pürieren. Mit dem Senf, dem Oregano und der Butter (oder der Margarine) zu einer Paste mischen. • Den Backofen vorheizen, Elektroherd auf 225°, Gasherd auf Stufe 4. • Die Weißbrotscheiben im Toaster leicht vortoasten. Einseitig mit der Würzpaste bestreichen. Mit je einem Kalbsschnitzel belegen. Die Kalbsschnitzel mit der restlichen Paste bestreichen. Je 2 Apfelringe auf die Kalbsschnitzel legen. Darauf den Bratfond von den Schnitzeln verteilen. • Den Kräuterkäse in gleichmäßige Scheiben schneiden. Die Apfelscheiben damit belegen. Am besten schuppenförmig. • Die Toasts aufs Backblech legen. Das Backblech in den Ofen auf die oberste Leiste schieben. Die Toasts 5–7 Minuten überbacken.

Mein Tip Besorgen Sie sich einen französischen Landwein, am besten aus der Camargue. Er ist trocken und sehr verträglich, ganz gleich, ob Sie roten, weißen oder einen Roséwein wählen. Er paßt ausgezeichnet zu diesem würzigen Toast.

Emmentaler Räucherschinkentoast

4 Scheiben Toastbrot mit Roggen · 2 gestrichene Eßl. Butter oder Margarine · 4 Scheiben Räucherschinken · 4 Stücke Senfgurken aus dem Glas · 4 dicke Scheiben Schweizer Emmentaler Käse · Currypulver

- Zubereitungszeit: 15 Minuten

So wird's gemacht: Die Brotscheiben im Toaster leicht vorrösten. • Den Backofen vorheizen, Elektroherd auf 225°, Gasherd auf

Stufe 4. • Die Toastscheiben mit der Butter oder der Margarine bestreichen. Mit dem Räucherschinken belegen. • Die Senfgurkenstücke würfeln und auf dem Schinken verteilen. Mit dem Käse abdecken. Den Käse mit Currypulver bestäuben. • Die Toasts aufs Backblech legen. Das Backblech in den vorgeheizten Ofen auf die oberste Leiste schieben. Die Toasts 10 Minuten überbacken.

Variante – Bündner Toast mit Lychees
Zu ganz besonderen Anlässen belege ich die Brotscheiben mit dem feinen, zarten Bündner Fleisch, gebe darauf abgetropfte Lychees aus der Dose und darauf je 1 Teelöffel Cumberlandsauce oder Johannisbeergelee, bevor der Toast mit Käse bedeckt wird.

Bananen-Schlemmer-Toast

2 Bananen · Saft von 1/2 Zitrone · 3 gestrichene Eßl. Butter · 2 Eßl. Kokosraspeln · Salz · 125 g gekochter magerer Schinken in feinen Würfeln · 4 Scheiben Toastbrot · 4 Scheiben Edelpilzkäse · 4 Eßl. abgetropfte Kirschen aus der Dose

● Zubereitungszeit: 15 Minuten

So wird's gemacht: Den Backofen vorheizen, Elektroherd auf 225°, Gasherd auf Stufe 4. • Die Bananen schälen, in Scheiben schneiden und dabei mit Zitronensaft beträufeln. • 1 Eßlöffel Butter in einer Pfanne erhitzen. Die Bananenscheiben darin mit den Kokosraspeln 3 Minuten durchbraten. Ganz leicht salzen. Mit den Schinkenwürfeln mischen. • Das Brot 3 Minuten auf dem Backblech auf der obersten Leiste im Backofen einseitig toasten. • Die ungerösteten Brotseiten mit der restlichen Butter bestreichen. Die Bananenmischung darauf verteilen. Mit dem Edelpilzkäse abdecken. • Die belegten Toastbrote auf dem Backblech im vorgeheizten Ofen auf der obersten Leiste 8–10 Minuten überbacken. • Die Kirschen in einem Topf erhitzen. Die fertigen Toastbrote auf Tellern anrichten. Je 1 Eßlöffel Kirschen dazugeben.

Toast Aalborg

4 Scheiben Roggenmischbrot · 2 gestrichene Eßl. Butter oder Margarine · 8 Scheiben Schweinebraten (200 g) · 4 Teel. süßer Senf · 2 Glas (je 2 cl) Aquavit · 4 dicke Scheiben dänischer Steppenkäse (200 g) · 1 Tomate und etwas Petersilie zum Garnieren

● Zubereitungszeit: 20 Minuten

So wird's gemacht: Den Backofen vorheizen, Elektroherd auf 225°, Gasherd auf Stufe 4. • Die Brotscheiben im Toaster leicht rösten. Kurz abkühlen lassen und mit Butter oder Margarine bestreichen. • Jedes Brot mit einer Scheibe Schweinebraten belegen. Mit dem Senf bestreichen und den Aquavit darüberträufeln. Die restlichen Scheiben Schweinebraten drauflegen und mit dem Käse bedekken. • Die Toasts auf dem Backblech im vorgeheizten Ofen 10 Minuten überbacken. • Mit Tomatenschnitzen und Petersilie garniert servieren.

Mein Tip Anstelle von Schweinebraten sollten Sie gelegentlich mal 1 Dose Krabben (140 g) verwenden. Ich mische sie mit etwas Senf und 1 Glas Aquavit, verteile sie auf die bestrichenen Brotscheiben und belege sie mit Käse. Ein willkommener Imbiß, den man um Mitternacht schnell noch zubereiten kann. Aus dem Vorrat.

Würziger Lamm-Knoblauch-Toast

4 Lammschnitzel zu je 125 g · Salz · schwarzer Pfeffer · 2 Eßl. Öl · 1 Zwiebel · 2 Knoblauchzehen · 1 kleine Dose Prinzeßbohnen (225 g) · 1 Eßl. gehackte Petersilie · 4 Scheiben Grahambrot · 2 gestrichene Eßl. Butter oder Margarine · 8 Chesterkäsescheibletten · edelsüßes Paprikapulver

- Zubereitungszeit: 30 Minuten

So wird's gemacht: Den Backofen vorheizen, Elektroherd auf 225°, Gasherd auf Stufe 4. • Die Lammschnitzel mit den Handballen breitdrücken. Mit Salz und schwarzem Pfeffer würzen. • Das Öl in einer Bratpfanne erhitzen. Die Lammschnitzel darin auf beiden Seiten je 1 Minute braten. • Die Zwiebel und die Knoblauchzehen schälen und sehr fein hacken. • Die Lammschnitzel aus der Pfanne nehmen und warm stellen. Gehackte Zwiebel und Knoblauchzehen im Bratfett goldbraun braten. • Die Prinzeßbohnen in ihrer Brühe erhitzen. Salzen. Abtropfen lassen. Mit der gehackten Petersilie mischen. • Die Grahambrotscheiben mit der Butter oder der Margarine bestreichen. • Die Brotscheiben auf das Backblech legen. Mit den Lammschnitzeln, den Prinzeßbohnen und der gebratenen Zwiebel-Knoblauch-Mischung belegen. Nach Geschmack pfeffern. • Auf jeden Toast 2 Chester-Scheibletten legen. Mit edelsüßem Paprikapulver bestäuben. • Das Backblech in den Ofen auf die oberste Leiste schieben. Die Toasts darin 8–10 Minuten überbacken.

Holländischer Toast

Bild Seite 64

1 kleiner Blumenkohl · 4 Scheiben Toast- oder Weißbrot · 2 Eßlöffel Butter · 8 Scheiben Jagdwurst oder Salami · Salz · weißer Pfeffer · geriebene Muskatnuß · 4 dicke Scheiben Goudakäse (200 g) · 1 Eßl. Petersilie

- Zubereitungszeit: 40 Minuten

Den Blumenkohl von Strunk und Blättern befreien, in Röschen teilen und reichlich kochendem Salzwasser in etwa 8 Minuten garen. Auf ein Sieb geben und abtropfen lassen. • Den Backofen auf 250° vorheizen. • Die Brotscheiben mit Butter bestreichen und mit der Wurst belegen. Darauf die Blumenkohlröschen verteilen und diese mit Salz, Pfeffer und Muskatnuß würzen. Mit den Käsescheiben bedecken. Die Brote im Backofen oder unter dem Grill überbacken, bis der Käse zerläuft. • Die fertigen Toast mit Petersilie bestreut servieren.

Canapés und Sandwiches

Zu Canapés und Sandwiches, oft auch zu den Verwandten des Sandwich, den dänischen Smørrebrøds, braucht man eine delikate Buttermischung. Einige kann man kaufen. Aber sie sind nicht überall zu haben. Deshalb möchte ich Ihnen am Anfang dieses Kapitels sagen, wie man Buttermischungen zubereitet. Damit Sie jederzeit darüber verfügen können. Wichtig: Verwenden Sie immer nur zimmerwarme Butter.

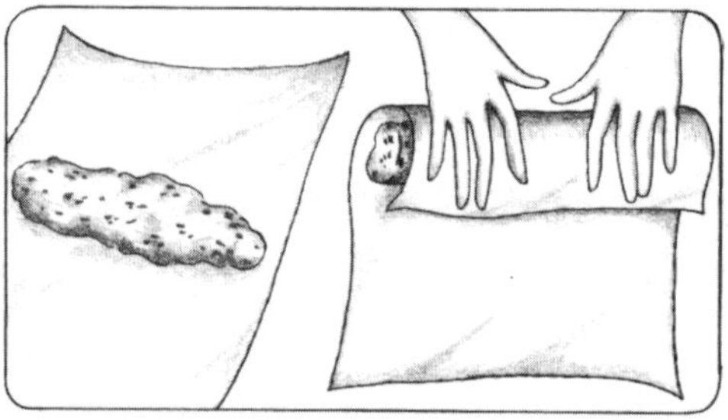

So wird's gemacht: Buttermischung zwischen Pergamentpapier zu einer Rolle formen und im Kühlschrank aufbewahren.

Sardellenbutter
50 g Butter mit 1 Teelöffel Sardellenpaste und 1 Prise Cayennepfeffer verrühren.

Senfbutter
50 g Butter mit Salz, ½ Teelöffel scharfem Senf und 1 Spritzer Zitronensaft glattrühren.

Schinkenbutter
50 g Butter mit etwas Salz und 25 g fein gehacktem gekochtem Schinken und wenig edelsüßem Paprikapulver verrühren. Mit 1 Spritzer Tabascosauce abschmecken.

Zitronenbutter
50 g Butter mit Salz, 1 Teelöffel Zitronensaft und ein paar Tropfen Sojasauce glattrühren.

Haselnußbutter
50 g Butter mit Salz verrühren. 25 g sehr fein gemahlene Haselnußkerne im Mörser zerstoßen. Unter die Butter rühren. Mit Worcestersauce abschmecken.

Tatar-Canapés

1 Scheibe Toastbrot · 1 gehäufter Eßl. Butter · 2 Teel. Senf · 100 g Tatar · Salz · schwarzer Pfeffer · Zwiebelpulver · 4 gehäufte Teel. geriebener Meerrettich aus dem Glas · 4 Sardellenfilets in Öl aus der Dose · 4 Teel. Kapern

- Zubereitungszeit: 15 Minuten

So wird's gemacht: Die Toastbrotscheibe mit Butter bestreichen und vierteln (siehe Zeichnung Seite 58). Den Senf darauf verteilen. • Das Tatar mit Salz, Pfeffer und Zwiebelpulver kräftig abschmecken. Auf die Brotviertel häufen. • Darauf je 1 Teelöffel geriebenen Meerrettich, 1 Sardellenfilet und 1 Teelöffel Kapern geben.

Mein Tip Diese Canapés sind die besten Begleiter zu einem Bierfrühstück oder einer Einladung zu Bier am Abend. Außerdem könnten Sie noch Canapés mit deftigen Wurstsorten und mit Käse belegt dazu reichen. Ich garniere sie gerne mit Gewürzgurkenscheiben, Kapern, Meerrettich, Sardellen, Mixed Pickles oder auch dünnen Zwiebelringen.

Schinken-Champignon-Canapés

Bild Seite 63

2 Scheiben Toastbrot · 1 1/2 Eßl. Zitronenbutter · 1 kleine, dicke Scheibe gekochter Schinken (50 g) · 2 Champignons aus der Dose · 1 kleines Stück rote Paprikaschote

- Zubereitungszeit: 10 Minuten

So wird's gemacht: Aus den Toastbrotscheiben je 2 Taler von etwa 5 cm Durchmesser ausstechen. Mit der Zitronenbutter bestreichen • Aus der Schinkenscheibe 12 gleichmäßige Streifen schneiden, nicht länger als der Durchmesser der Canapés. Die Canapés mit jeweils 3 Schinkenstreifen belegen. Darauf jeweils 2 Scheiben Champignon und quer darüber je 1 Streifen Paprikaschote.

Indische Canapés

Canapés à l'indienne

1 Scheibe Toastbrot · 1 gestrichener Eßl. Butter · 1 hartgekochtes Ei · 1 Teel. Currypulver · 1 1/2 Eßl. Mangochutney

- Zubereitungszeit: 15 Minuten

So wird's gemacht: Die Toastbrotscheibe entrinden und vierteln. Die Viertel in einem Teelöffel erhitzter Butter auf beiden Seiten goldbraun braten. Abkühlen lassen. • Das Ei schälen und hacken. • Die restliche Butter sahnig rühren. Mit dem Currypulver würzen. Das gehackte Ei locker unterheben. Diese Masse auf die Canapés verteilen, darauf das Mangochutney.

Mein Tip Die Indischen Canapés bleiben genauso indisch, wenn man auf die Brotviertel zunächst ein Stückchen Crabmeat legt und darauf die Eimischung. Schmeckt auch sehr gut.

Elsässische Canapés

Canapés à l'alsaçienne

2 Scheiben Toastbrot · 1 gestrichener Eßl. Butter · 4 Scheiben Straßburger Gänseleberparfait · 1 kleine Trüffel aus der Dose

- Zubereitungszeit: 10 Minuten

So wird's gemacht: Aus dem Toastbrot je 2 Taler von 5 cm Durchmesser ausstechen oder ausschneiden. Die Taler mit der Butter bestreichen und mit dem Gänseleberparfait belegen. • Die Trüffel in feine Scheiben schneiden. Die Canapés damit garnieren.

Mein Tip Gänseleberparfait und Trüffel gehören zum Kostbarsten und Teuersten, was der Feinkostmarkt zu bieten hat. Preiswerter kommen Sie weg, wenn Sie die Canapés mit getrüffelter Leberwurst belegen und mit Walnußkernen garnieren.

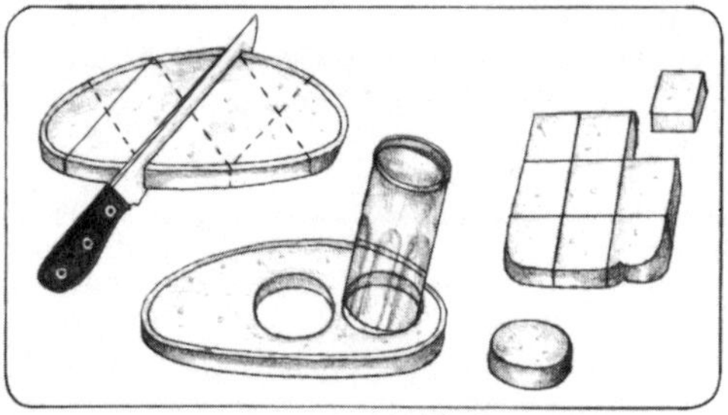

Je kleiner die Canapés und Schnitten desto appetitlicher wirken sie. Schneiden und stechen Sie die gewünschten Formen aus den Brotscheiben.

Canapés verts

2 Scheiben Toastbrot · 1 gestrichener Eßl. Sardellenbutter · 4 gehäufte Eßl. Kresseblättchen · 4 hartgekochte Eigelbe · 2 gestrichene Teel. geriebener Meerrettich · eventuell Salz

- Zubereitungszeit: 10 Minuten

So wird's gemacht: Je 2 Taler von 5 cm Durchmesser aus den Toastbrotscheiben ausstechen. • Die Taler mit der Sardellenbutter bestreichen. Darauf die Kresseblättchen verteilen. • Die hartgekochten Eigelbe gleichmäßig hacken. Mit dem geriebenen Meerrettich mischen. Wenn nötig, mit Salz abschmecken. • Die Masse locker auf die Mitte der Canapés verteilen.

Mein Tip Restliche Toastbrotstücke, die nach dem Ausstechen übrigbleiben, trockne ich und reibe sie dann in der Mandelmühle oder auf der Rohkostreibe zu Brösel.

Genfer Canapés

Canapés à la Genève

1 Scheibe Schwarzbrot (Kastenform) · 2 gestrichene Eßl. Sardellenbutter · 1 Eßl. gekochter feingehackter Schinken · 2 kleine Ölsardinenfilets (Dose) · 1 hartgekochtes Ei · 1 Eßl. gehackte Petersilie

- Zubereitungszeit: 15 Minuten

So wird's gemacht: Die Schwarzbrotscheibe gleichmäßig vierteln. • Die Sardellenbutter mit dem Schinken und den zerdrückten Ölsardinenfilets mischen. • Diese Masse auf die Canapés verteilen. • Das Ei schälen, halbieren. Eiweiß und Eigelb trennen. Beides kleinschneiden und mit der gehackten Petersilie mischen. Auf die Canapés verteilen.

Canapés Alberta

1 Scheibe Toastbrot · 1 gestrichener Eßl. Sardellenbutter · 1 Scheibe Räucherlachs (frisch gekauft) · 8 winzige Scheiben marinierte rote Bete aus dem Glas

- Zubereitungszeit: 15 Minuten

So wird's gemacht: Die Toastscheibe entrinden und vierteln. Die Viertel mit der Sardellenbutter bestreichen. • Den Räucherlachs in 8 Streifen schneiden. Die Canapés mit je 2 Räucherlachsstreifen kreuzweise belegen. • Die Rote-Bete-Scheiben halbieren. Die Hälften als Garnierung zwischen die Lachsstreifen legen.

Käse-Canapés

1 Scheibe Pumpernickel · 1 gestrichener Eßl. Schinkenbutter · 1 kleine Packung Doppelrahm-Frischkäse (50 g) · 1 Teel. Kirschwasser · Salz · weißer Pfeffer · 1 Kompottkirsche

● Zubereitungszeit: 5 Minuten

So wird's gemacht: Die Pumpernickelscheibe gleichmäßig vierteln. Mit der Schinkenbutter bestreichen. • Den Doppelrahm-Frischkäse mit dem Kirschwasser verrühren. Salzen und pfeffern. In den Spritzbeutel füllen. • Den Frischkäse als Rosette auf die Canapés spritzen. Mit je 1/4 Kirsche garnieren.

Tomaten-Canapés

Bild Seite 63

1 Scheibe Toastbrot · 1 1/2 Eßl. Senfbutter · 2 große Tomaten · Salz · weißer Pfeffer · Zwiebelpulver · 1 paprikagefüllte grüne Olive

● Zubereitungszeit: 15 Minuten

So wird's gemacht: Die Toastbrotscheibe entrinden. Die Scheibe vierteln und mit der Senfbutter bestreichen. • Die Tomaten waschen und abtrocknen, dann vierteln, entkernen und in gleichmäßig feine Würfel schneiden. • Die Würfel auf Küchenkrepp abtropfen lassen. Leicht salzen, pfeffern und mit Zwiebelpulver würzen. • Auf die Brotviertel verteilen. Mit je 1 Olivenscheibe garnieren.

Crabmeat-Canapés

Bild Seite 63

2 Scheiben Toastbrot · 1 1/2 Eßl. Krebsbutter (fertig gekauft) · 2 gestrichene Teel. edelsüßes Paprikapulver · 4 schöne Stücke Crabmeat aus der Dose

● Zubereitungszeit: 10 Minuten

So wird's gemacht: Aus den Toastbrotscheiben je 2 Taler von etwa 5 cm Durchmesser ausstechen. Die Taler mit der Krebsbutter bestreichen und mit dem Paprikapulver bestäuben. Dann mit je einem Stück Crabmeat belegen.

Variante – Sardellen-Canapés
Daraus können Sie auch Sardellen-Canapés machen. Jeden Taler mit einem zur Rolle geformten Sardellenfilet aus der Dose garnieren.

Variante – Heilbutt-Canapés
Statt der Sardellenfilets 4 gleichmäßige Stücke geräucherten Heilbutt drauflegen.

Bunte Canapés

Bild Seite 63

2 Scheiben Toastbrot · 2 gestrichene Eßl. Haselnußbutter · 1 kleine Gewürzgurke · 1 hartgekochtes Eiweiß · 1 Scheibe gekochter Schinken, 1/2 cm dick

● Zubereitungszeit: 20 Minuten

So wird's gemacht: Aus den Toastbrotscheiben 4 Taler von 5 cm Durchmesser ausstechen. Die Haselnußbutter daraufstreichen. • Die Gewürzgurke, das Eiweiß und den gekochten Schinken in feinste Würfel schneiden und miteinander mischen. Die Mischung auf die Canapés verteilen.

Canapés rouges

Bild Seite 63

1 Scheibe Toastbrot · 1 gestrichener Eßl. Butter · 1 Packung dänischer Doppelrahm-Frischkäse (50 g) · 1/2 Teel. Farinzucker (Rohzucker) · Salz · weißer Pfeffer · 1 kleine Zwiebel · 1 Eßl. gehackter Dill · 1 Teel. gehackte Petersilie · 8 Scheiben eingelegte rote Bete aus dem Glas

- Zubereitungszeit: 20 Minuten

So wird's gemacht: Die Toastbrotscheibe entrinden. Die Scheibe vierteln. Jedes Viertel mit Butter bestreichen. • Den Frischkäse glattrühren. Mit Farinzucker, Salz und Pfeffer abschmecken. • Die Zwiebel schälen und sehr fein hacken. Mit dem Dill und der Petersilie unter die Käsecreme heben. • Die Creme auf die Toastviertel streichen. • Jedes Canapé mit 2 auf Küchenkrepp abgetropften Rote-Bete-Scheiben garnieren.

Variante – Radieschen-Canapés
Die Canapés mit zarten Radieschenscheiben belegen und mit je 1 Dillsträußchen garnieren.

Schinken-Geflügel-Canapés

Bild Seite 63

2 Scheiben Toastbrot · 2 gestrichene Eßl. Schinkenbutter · 2 Eßl. gekochter feingewürfelter Schinken · 2 Eßl. gekochtes feingewürfeltes Hähnchenfleisch

- Zubereitungszeit: 20 Minuten

So wird's gemacht: Die Rinde von den Toastbrotscheiben schneiden. Die Scheiben halbieren. • Die Toastbrothälften mit Schinkenbutter bestreichen. Jede Scheibe mit einem Streifen aus gewürfeltem Schinken und gewürfeltem Hähnchenfleisch belegen.

Lachs-Canapés mit Ei

Bild Seite 63

1 Scheibe Toastbrot · 1 gestrichener Eßl. Butter · 4 schmale Streifen echter Lachs aus der Dose · 2 hartgekochte Eigelbe · 2 schwarze Oliven oder blaue Weintrauben

- Zubereitungszeit: 15 Minuten

So wird's gemacht: Die Toastbrotscheibe entrinden und vierteln. Mit der Butter bestreichen. • Den Lachs abtropfen lassen. Je eine Scheibe zusammengeklappt auf die Canapés legen. • Die hartgekochten Eigelbe feinhacken. Auf den Lachs verteilen. • Jedes Canapé mit je einer halben schwarzen Olive oder einer halben, entkernten Weintraube garnieren.

Sahne-Whisky-Canapés

Bild Seite 63

2 Scheiben Toastbrot · 2 Eßl. Mayonnaise (50% Fett) · 1/2 Teel. Zitronensaft · Salz · Ingwerpulver · 2 Eßl. geschlagene Sahne · 1 Teel. Whisky · 1 hartgekochtes Eigelb

- Zubereitungszeit: 15 Minuten

So wird's gemacht: Aus den Toastbrotscheiben je 2 Taler im Durchmesser von 5 cm ausstechen. • Die Mayonnaise mit dem Zitronensaft, dem Salz und dem Ingwerpulver abschmecken. Etwas mehr als 1 Eßlöffel Mayonnaise auf die Taler verteilen. Die Schlagsahne mit dem Whisky parfümieren. Unter die restliche Mayonnaise heben. Die Mischung auf die Taler häufen. • Das hartgekochte Eigelb feinhacken. Die Canapés damit garnieren.

Bananen-Tomaten-Canapés

Bild Seite 63

2 Scheiben Toastbrot · 1 gestrichener Eßl. Zitronenbutter · 2 Eßl. Doppelrahm-Frischkäse · Salz · weißer Pfeffer · 1 Tomate · 1/4 Banane

- Zubereitungszeit: 20 Minuten

So wird's gemacht: Aus den Toastbrotscheiben je 2 Taler im Durchmesser von 5 cm ausstechen. • Die Zitronenbutter und den Doppelrahm-Frischkäse zusammen glattrühren. Mit Salz und Pfeffer abschmecken. • Diese Creme auf die Brottaler streichen. • Aus der gewaschenen, abgetrockneten Tomate 4 gleichmäßige Scheiben schneiden. Auf Küchenkrepp abtropfen lassen. • Auf die Canapés verteilen, darauf je 2 Scheiben Banane legen.

Variante – Exotische Canapés
Wenn Sie ein übriges tun wollen, geben Sie auf die Banenenscheibe je 1 Teelöffel Mangosauce. Das macht die Canapés exotisch.

Eiercreme-Canapés

Bild Seite 63

2 Scheiben Toastbrot · 1 gestrichener Eßl. Butter · 4 hartgekochte Eigelbe · 1 Teel. sehr fein geschnittener Schnittlauch · Salz · schwarzer Pfeffer · 1 Teel. Currypulver · 1 Tomate · 1 kleines Cornichon

- Zubereitungszeit: 20 Minuten

So wird's gemacht: Aus den Toastbrotscheiben je 2 Taler von 5 cm Durchmesser ausstechen. • Die Butter cremig rühren. Die hartgekochten Eigelbe feinhacken. Mit dem feingeschnittenen Schnittlauch, Salz, frisch gemahlenem Pfeffer und Currypulver locker unter die Butter heben. • Die Eiercreme auf die Toastbrottaler verteilen. • Die Tomate waschen, abtrocknen, daraus 4 gleichmäßige Scheiben schneiden, diese auf Küchenkrepp abtropfen lassen. Die Canapés damit belegen. • Das Cornichon sehr fein hacken. Auf die Tomatenscheiben verteilen. Schwarzen Pfeffer grob drübermahlen.

Das Reizvolle an den Canapés: Jeder findet seine ▷ Lieblings-Snacks und läßt sich durch sie zum weiteren Probieren verführen. Rezepte Seite 57–61.

Club-Sandwich

1/2 Kopf grüner Salat · 4 Eßl. Mayonnaise (50% Fett) · 1 Eßl. Mangosauce (Fertigprodukt) · eventuell Salz und weißer Pfeffer · 400 g gekochte Hühnerbrust · 4 dünne Scheiben roher Schinken · 8 Scheiben Kastenweißbrot oder Toastbrot · 4 gestrichene Eßl. Butter

- Zubereitungszeit: 25 Minuten

So wird's gemacht: Den Kopfsalat zerpflücken, abbrausen und vollkommen abtropfen lassen. Dann in feine Streifen (Julienne) schneiden. • Die Mayonnaise mit der Mangosauce mischen. Nach Geschmack mit Salz und Pfeffer abschmecken. Die Salatstreifen locker unterheben. • Die gekochte Hühnerbrust in Scheiben schneiden. Den Schinken in der trockenen Pfanne knusprig braten. • Das Kastenweißbrot oder das Toastbrot entrinden. Einseitig mit der Butter bestreichen. Mit den Hühnerbrustscheiben belegen. • Darauf den Salat verteilen, den gebratenen Schinken und je 1 Scheibe Brot 10 Minuten mit einem Holzbrett beschweren. In Rechtecke oder Dreiecke schneiden.

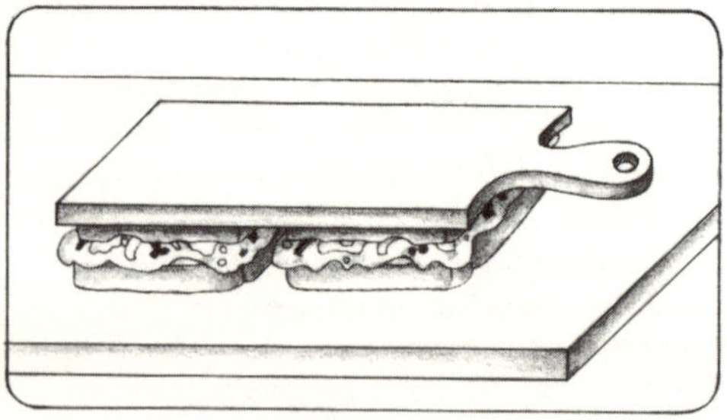

Bevor Sandwiches in Dreiecke oder Quadrate geschnitten werden, beschwert man sie mit einem Holzbrett.

Sandwich Bookmaker

4 dünne Rinderfiletscheiben zu je 125 g · weißer Pfeffer · 2 Eßl. Öl · Salz · 8 dünne Scheiben Kastenweißbrot oder Toastbrot · 6 gestrichene Eßl. Butter · 4 gestrichene Teel. scharfer Senf · 4 Teel. frisch geriebener Meerrettich

- Zubereitungszeit: 20 Minuten
- Abkühlzeit: 10 Minuten

So wird's gemacht: Die mit den Handballen flachgedrückten Rindersteaks stark pfeffern. • Das Öl in einer großen Pfanne erhitzen. Die Steaks darin pro Seite 2 Minuten braten. Sie sollen innen noch rosa sein. Die Steaks salzen und kalt werden lassen. • Die Brotscheiben entrinden und einseitig buttern. • Die Steaks auf beiden Seiten mit dem Senf bestreichen. Auf je 1 Brotscheibe legen, mit dem Meerrettich bedecken. Die zweite Brotscheibe drauflegen. • Für 10 Minuten mit einem Holzbrett beschweren. • Die fertigen Sandwiches in Dreiecke oder Rechtecke schneiden.

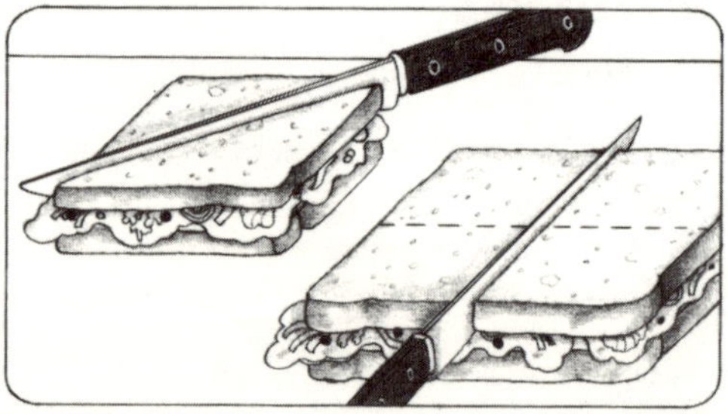

Wurden die Brote durch ein Holzbrett beschwert, lassen sie sich leicht schneiden ohne daß der Belag hervorquillt.

◁ Holländischer Toast stellt auch verwöhnte Gäste zufrieden. Rezept Seite 55.

Sandwich mit Räucherfisch

8 dünne Scheiben Kastenweißbrot oder Toastbrot · 4 gestrichene Eßl. Butter · 400 g geräucherter Rotbarsch · 4 Eßl. Mayonnaise (50% Fett) · Salz · weißer Pfeffer · 1 Prise Zucker · 1 Eßl. gehackter Dill

- Zubereitungszeit: 15 Minuten

So wird's gemacht: Die Brotscheiben entrinden und einseitig buttern. • Den Rotbarsch häuten und in gleichmäßige Stücke zerpflükken. Den Fisch auf 4 Brotscheiben verteilen. • Die Mayonnaise mit Salz, Pfeffer und Zucker nachwürzen und den gehackten Dill unterheben. Auf den Fisch verteilen. Mit den restlichen 4 Brotscheiben belegen. • 10 Minuten lang mit einem Holzbrett beschweren. • Jedes Sandwich in Rechtecke oder Dreiecke schneiden.

Mein Tip Die internationale Küche schreibt zwar vor, daß man Sandwiches nur mit Weißbrot zubereiten soll. Aber Sie ahnen nicht, wie vorzüglich sie schmecken, wenn die Doppeldecker mit einem eher grobporigen Graubrot (leicht durchsetzt mit Vollkorn) zubereitet werden. Unbedingt mal probieren. Ich ziehe diese Art Sandwiches allen anderen vor.

Speck-Eier-Smørrebrød

4 dünne Scheiben Bacon oder durchwachsener Speck · 1 Scheibe Kastenschwarzbrot · 1 gestrichener Eßl. Butter · 2 hartgekochte Eier · 2 kleine Tomaten · Salz · schwarzer Pfeffer · 1 Teel. gehackte Petersilie

- Zubereitungszeit: 15 Minuten

So wird's gemacht: Die Baconscheiben oder den durchwachsenen Speck in der trockenen Pfanne knusprig braten und abkühlen lassen. • Die Schwarzbrotscheibe halbieren. Die beiden Hälften buttern. • Die hartgekochten Eier schälen. Jeweils 4–5 gleichgroße Scheiben daraus schneiden. • Die Tomaten waschen und abtrocknen. In 4–5 gleichgroße Scheiben schneiden. • Je 1 Streifen Ei- und Tomatenscheiben auf die Brothälften legen. Leicht salzen. Schwarzen Pfeffer drübermahlen. • Die Brote mit den Bacon- oder den Speckscheiben garnieren und mit gehackter Petersilie bestreuen.

Krabben-Smørrebrød

1 Scheibe Kastenweißbrot oder Toastbrot mit Roggen · 1 gestrichener Eßl. Butter · 2 Kopfsalatblätter · 1 Dose Krabben (140 g) · 2 Zitronenscheiben

- Zubereitungszeit: 10 Minuten

So wird's gemacht: Die Brotscheibe halbieren und mit der Butter bestreichen. • Mit je einem gewaschenen, gut abgetropften Salatblatt belegen. Darauf die abgetropften Krabben verteilen. • Die Zitronenscheiben zur Mitte hin einschneiden. Wie eine Spirale drehen. Die Krabben-Smørrebrøds damit garnieren.

Variante – Currykrabben-Smørrebrød
3 Eßlöffel Mayonnaise (50% Fett) mit Salz, weißem Pfeffer und 1 gestrichenen Eßlöffel Currypulver würzen. Eventuell mit etwas Dosenmilch verdünnen. Die abgetropften Krabben unterheben. Diese Mischung auf die mit Butter bestrichenen, mit einem Salatblatt belegten Scheiben häufen. Zuletzt mit Petersilie garnieren.

Variante – Käsekrabben-Smørrebrød
100 g leichten dänischen Frischrahmkäse naturell mit 1 Eßlöffel Dosenmilch glattrühren. Mit Salz, weißem Pfeffer und 1 Bund gehacktem Dill verrühren. Die Krabben locker unterheben. 1 dünne Scheibe Schwarzbrot halbieren. Mit 1 gestrichenen Eßlöffel Butter bestreichen. Die Käse-Krabben-Mischung darauf verteilen. Mit Dillspitzen und je 1 Zitronenscheibe garnieren.

Herings-Smørrebrød

1 Scheibe Schwarzbrot · 1 gestrichener Eßl. Butter · 2 marinierte Heringsfilets · 1 Kopfsalatblatt · 4 Zwiebelringe · 2 Tomatenachtel

- Zubereitungszeit: 10 Minuten

So wird's gemacht: Die Schwarzbrotscheibe halbieren. Die Hälften mit der Butter bestreichen. • Die abgetropften Heringsfilets in 2 cm große Stücke schneiden. Auf die Brothälften schichten. Darauf ein Stück Salatblatt, je 2 Zwiebelringe und ein Tomatenachtel.

Mein Tip Für ein Herings-Smørrebrød können Sie praktisch alle Heringszubereitungen verwenden. Zum Beispiel Würzheringe, Heringe in Currycreme, gekräuterte Heringe, Heringe in Madeiracreme. Am besten greifen Sie auf dänische oder schwedische Konserven zurück. Dann kommen Sie dem Originalgeschmack am nächsten.

Mandarinen-Vanille-Toast

Für die Sauce:
knapp 1/8 l Milch · 1 Prise Salz · 1 gestrichener Eßl. Zucker · 1/2 Päckchen Vanillinzucker · 2 gestrichene Eßl. Vanillepuddingpulver · 1 Schuß Cognac · 1 Ei
Außerdem:
4 Scheiben Toastbrot · 2 gestrichene Eßl. Butter · 1 Päckchen Doppelrahm-Frischkäse (100 g) · 1 Prise Zucker · 1 Eigelb · 1 Dose Mandarinen · frische Pfefferminzblätter oder Zitronenmelisse zum Garnieren

- Zubereitungszeit: 30 Minuten
- Kühlzeit: 20 Minuten

So wird's gemacht: Die Milch mit der Prise Salz, dem Zucker und dem Vanillinzucker in einem Topf unter Rühren aufkochen. • Das Vanillepuddingpulver mit wenig kaltem Wasser anrühren. Die kochende Milch vom Herd nehmen. Das Vanillepuddingpulver einrühren, aufkochen lassen. Mit Cognac würzen. • Das Ei in Eigelb und Eiweiß trennen. Das Eigelb verquirlen. Mit etwas heißem Pudding mischen. Dann in den Topf rühren. Die Sauce nochmal erhitzen, aber nicht kochen lassen. Den Topf vom Herd nehmen. • Das Eiweiß steif schlagen und unter die Sauce heben. 20 Minuten abkühlen lassen. • Den Backofen vorheizen, Elektroherd auf 225°, Gasherd auf Stufe 4. • Die Toastscheiben aufs Backblech legen. Im Ofen auf der obersten Leiste 3 Minuten einseitig bräunen. • Die ungetoastete Seite mit der Butter bestreichen. Den Doppelrahm-Frischkäse mit dem Zucker und dem Eigelb verrühren und auf die Brotscheiben verteilen. • Die Mandarinen abtropfen lassen, möglichst mit Küchenkrepp trockentupfen. Einige Mandarinen zum Garnieren zurückbehalten. Die Toastscheiben mit den übrigen Mandarinenspalten belegen. Darüber die Sauce verteilen. Mit Mandarinen garnieren. • Die Toasts aufs Backblech legen und in den Backofen auf die oberste Leiste schieben. 8–10 Minuten überbacken. • Die Toasts auf Tellern anrichten und mit den gewaschenen Pfefferminz- oder Melisseblättern garniert servieren.

Mein Tip Wenn ich Kompottfrüchte verwende, lasse ich sie immer so lange auf Küchenkrepp abtropfen, bis sie fast trocken sind. Dann weicht das Toastbrot nicht auf.

Weintraubentoast mit Eierquark

200 g Sahnequark · 1 gestrichener Eßl. Speisestärke · 1 Prise Salz · 3 gestrichene Eßl. Zucker · 1 Ei · 1 gestrichener Teel. gemahlener Ingwer · 250 g blaue oder helle Weintrauben · 4 Scheiben Kasten-Rosinenbrot · 2 gestrichene Eßl. Butter oder Margarine

- Zubereitungszeit: 30 Minuten

So wird's gemacht: Den Backofen vorheizen, Elektroherd auf 225°, Gasherd auf Stufe 4. • Den Sahnequark mit der Speisestärke, dem Salz und dem Zucker in einer Schüssel cremig rühren. • Das Ei in Eigelb und Eiweiß trennen. Das Eigelb mit dem Ingwer in den Quark rühren. Abschmecken. • Das Eiweiß zu steifem Schnee schlagen und unterheben. • Die Trauben waschen, mit Küchenkrepp abtrocknen. Halbieren und entkernen. • Die Rosinenbrotscheiben auf dem Backblech im vorgeheizten Ofen auf der obersten Leiste 3 Minuten einseitig rösten. Die Scheiben mit Butter oder Margarine bestreichen. • Darauf den angerührten Eierquark verteilen und die Trauben darin versenken, so daß sie kaum noch zu sehen sind. • Im Backofen auf der obersten Leiste 10 Minuten überbacken.

Mein Tip Nehmen Sie auf keinen Fall Quark der Magerstufe, sonst gelingt dieser wohlschmeckende Toast nicht. Mit Sahnequark schmeckt er köstlich wie eine Quarktorte.

Preiselbeer-Bananen-Toast

1 Ei · das Innere ½ Vanilleschote · 2 gestrichene Teel. Speisestärke · 1 Prise Salz · ½ Teel. Zimt · 1 gestrichener Eßl. Zucker · 4 Scheiben Rosinenbrot · 2 gestrichene Eßl. Butter · 2 Bananen · 2 gestrichene Teel. Zucker · ½ Teel. Zimt · 4 Eßl. Preiselbeerkompott · ½ Tütchen Mandelblättchen

- Zubereitungszeit: 30 Minuten

So wird's gemacht: Das Ei in Eigelb und Eiweiß trennen. Das Eigelb mit dem Vanillemark, der Speisestärke, dem Salz, dem Zimt und dem Zucker verrühren. • Das Eiweiß zu steifem Schnee schlagen und unterheben. • Den Backofen vorheizen, Elektroherd auf 225°, Gasherd auf Stufe 4. • Das Rosinenbrot leicht im Toaster rösten. Dann mit der Butter bestreichen und aufs Backblech legen. • Die Bananen schälen. Quer und längs halbieren. Jedes Stück Brot mit 2 Bananenvierteln belegen. • Den Zucker und den Zimt mischen. Die Bananen damit bestreuen. Das Preiselbeerkompott zwischen die Bananen verteilen. Die Toasts mit der Eischaummasse überziehen. • Das Backblech in den vorgeheizten Ofen auf die oberste Leiste schieben. Die Toasts 8–10 Minuten überbacken. • Die Mandelblättchen in der trockenen Pfanne goldgelb werden lassen und die Toasts damit garnieren.

Schokoladentoast surprise

100 g bittere Schokolade · 4 Scheiben Toastbrot · 3 Eiweiße · 3 gestrichene Eßl. Zucker · 2 gestrichene Teel. Kakaopulver · 1 Eßl. Kirschwasser · 2 gestrichene Eßl. Butter · 1 Haushaltspackung Schokoladeneis (etwa 260 g)

- Zubereitungszeit: 20 Minuten

So wird's gemacht: Den Backofen vorheizen: Elektroherd auf 225°, Gasherd auf Stufe 4. • Die Schokolade auf der Reibe grob raspeln. • Die Toastbrotscheiben aufs Backblech legen. Im vorgeheizten Ofen auf der obersten Leiste 3 Minuten einseitig rösten. • Die Eiweiße mit dem Zucker und dem dazugesiebten Kakaopulver zu steifem Schnee schlagen. Das Kirschwasser unterheben. • Die Toastbrotscheiben buttern und mit der geraspelten Schokolade bestreuen. Darauf schnell das Schokoladeneis in Scheiben verteilen, darüber den Eischnee. • Aufs Backblech legen. In den Backofen auf die oberste Leiste schieben. 5 Minuten überbacken. Der Eischnee soll goldgelb sein. • Aus dem Ofen nehmen und sofort servieren.

Mein Tip Beim Schokoladentoast surprise muß man schnell arbeiten. Wichtig: Das Eis bis zum letzten Augenblick kühlen, sonst schmilzt es schon, bevor es in den Ofen kommt.

Pfirsichgenuß

Für die Sauce:
2 gestrichene Eßl. Butter · 2 gestrichene Eßl. Mehl · knapp 1/8 l Milch · 4 Eßl. Sahne · das Innere von 1/2 Vanilleschote · 1 gestrichener Eßl. Zucker · 1 Prise Salz · 1 Eigelb
Außerdem:
4 Scheiben Toast- oder Rosinenbrot · 2 gestrichene Eßl. Butter oder Margarine · 8 Pfirsichhälften aus der Dose · 1/2 Beutel Mandelblättchen zum Garnieren

- Zubereitungszeit: 25 Minuten
- Abkühlzeit: 20 Minuten

So wird's gemacht: Die Butter in einem Topf schmelzen lassen. Das Mehl hineinrühren und darin anschwitzen. • Die Milch mit der Sahne mischen. Unter Rühren zur Butter-Mehl-Mischung geben. Mit Vanillemark, Zucker und Salz abschmecken. • Das Eigelb mit etwas Sauce verquirlen und dann in den Topf rühren (legieren). Die Sauce 20 Minuten abkühlen lassen. Gelegentlich umrühren. • Den Backofen vorheizen, Elektroherd auf 225°, Gasherd auf Stufe 4. • Das Brot im Toaster hell rösten. Eine Seite mit der Butter oder der Margarine bestreichen. • Die Brotscheiben aufs Backblech legen. Darauf je 2 abgetropfte Pfirsichhälften. Mit der Sauce überziehen. • Das Backblech in den Backofen auf die oberste Leiste schieben. Die Toasts 10 Minuten überbacken, bis die Sauce goldbraun ist. • Inzwischen die Mandelblättchen in der trockenen Pfanne goldgelb rösten. Die fertigen Toastbrote damit garniert sofort servieren.

Variante – Pflaumengenuß
Es muß nicht immer Pfirsich sein. Manchmal greife ich auf den Vorrat zurück und nehme zum Beispiel abgetropfte eingemachte Pflaumen oder Aprikosen. Und zum Garnieren blättrig geschnittene, in Butter geröstete Haselnußkerne.

Rezept- und Sachregister

Die *kursiv* gesetzten Seitenzahlen verweisen auf Farbbilder.

Rezept- und Sachregister

Auch wenn es etwas mehr Mühe macht, für den Spargeltoast überbacken sollten Sie nur frischen Spargel verwenden. Rezept Seite 31 ▷